우울한 지성인

우울한 지성인

희대의 천재들은 왜 고통으로 살았는가

초 판 1쇄 2024년 06월 28일

지은이 박중현
펴낸이 류종렬

펴낸곳 미다스북스
본부장 임종익
편집장 이다경, 김가영
디자인 임인영, 윤가희
책임진행 김요섭, 이예나, 안채원

등록 2001년 3월 21일 제2001-000040호
주소 서울시 마포구 양화로 133 서교타워 711호
전화 02) 322-7802~3
팩스 02) 6007-1845
블로그 http://blog.naver.com/midasbooks
전자주소 midasbooks@hanmail.net
페이스북 https://www.facebook.com/midasbooks425
인스타그램 https://www.instagram.com/midasbooks

© 박중현, 미다스북스 2024, *Printed in Korea*.

ISBN 979-11-6910-709-9 03100

값 **18,000원**

미다스북스는 다음세대에게 필요한 지혜와 교양을 생각합니다.

우울한 지성인

A depressed intellectual

희대의 천재들은 왜 고통으로 살았는가

박중현 지음

시대적 천재 22명의
삶과 죽음으로 배우는 인생 수업

미다스북스

우울한
지성인

A depressed
intellectual

목차

탁월한 지성은
축복인가 재앙인가

    고도의 창조성을 요구하는 직업과 높은 우울증 유병률 간의 상관관계는 많은 심리학 연구에서 밝혀진 바 있다. 실제로 작가, 사상가, 예술가, 기업가 등 그 길이 무엇이든 문명사적 진보에 크게 기여한 시대적 천재들은 우울증 및 다양한 정신 질환과 고군분투하는 삶을 살았다. 가혹한 현실과 시련을 견뎌내야만 했고, 그중 일부는 스스로 생을 마감하기도 했다.

    그들은 몰이해의 대상이기도 했다. 시대적으로 앞선 생각을 하며 원대한 꿈을 꾸는 자들, 인간의 내면에 창조성의 샘이 있다는 사실을 인식하는 자들, 또는 집단적 정념을 초월하여 전체를 조망하는 눈을 가진 자들은 동서고금을 막론하고 극소수였기 때문이다. 왜 예수와 소크라테스는 처형을 당했어야만 했는가? 왜 니체와 반 고흐는 사후에야 세상의 인정을 받았는가? 왜 카뮈와 오웰은 경계인의 숙명을 견뎌야 했는가?

    종교, 철학, 예술, 문학 등 표현 방식은 다양했지만, 분명 공통점은 있었다. 그들은 결코 호의호식하기 위해 이 땅에 온 인물들이 아니었다. 세상에 빛을 밝히기 위해 무거운 운명의 짐을 짊어졌던 선구자들이었다. 필연적으로 불리한 운명을 받아들이고 내면의 창조성을 극대화하며 지혜를 가다듬었다. 큰 내적 기운은 강한 혼란을 동반했지만, 아이러니하게도 간고(艱苦)의 시간은 내면에 있는 창조성을 불태울 수 있는 궁극의 재료가 되기도 했다.

천재란 과연 무엇인가? 그들의 고차원적 생각은 어디서 오는가? 높은 창조성과 정신 질환은 정말로 상관관계가 있는가? 해당 주제에 천착하게 되면서 그 뿌리를 집요하게 파고들었고, 다양한 인물들의 삶을 하나하나 추적했다. 그들이 세상을 바라보았던 그 시선을 유추하고 싶었다. 물론 이 책에 소개된 사람들은 이미 널리 알려진 인물들이라 그들의 성과나 업적이 특별히 신선할 것은 없다. 다만 필자는 세상을 밝힌 천재들의 삶을 시련과 아픔의 관점에서 재맥락화했다. 또한 인생의 고난이 그들의 정신세계와 창조성에 미친 영향도 한눈에 보기 좋게 정리하고 싶었다.

이 책은 어쭙잖은 충고로 마음의 병을 치료하겠다고 선언하지 않는다. 다만 역사의 한 획을 그은 지성인들도 그 특출남으로 인해 혹독한 정신적 고통과 외로움에 시달렸음을 인식하고, 그 아픔의 근원을 이해함에 목적이 있다. 이를 통해 우울증이나 기타 정신적 고통이 매우 자연스러운 인생의 한 부분이며, 또 어쩌면 삶이 우리에게 어떤 변화를 요구하는 메시지가 아닐까 조심스럽게 의표를 찌른다.

　마지막으로 이 책은 학술 서적이 아닌 개인의 통찰이 담긴 책임을 분명히 밝힌다. 심도 있는 사유의 결과물이 많아 누군가에게는 아직 가슴에 와 닿지 않는 부분이 있을 수도 있다. 최대한 쉬운 비유를 많이 들려고 노력했지만, 일정 부분 한계는 있을 것이라 예상한다. 마음을 비우고 읽되, 각자의 지각 범위 내에서 가져갈 만큼만 가져가면 충분하다. 다만 이 책을 읽기 전과 후, 세상을 바라보는 시각이 많이 달라져 있으리라는 것 하나만큼은 단언한다.

우울한 지성인

Chapter 1

정신적 혼란은 창조성을 끌어내는가

세르게이 라흐마니노프 (Sergei Rachmaninoff)

"저는 이 세상에 서툰 존재 같아요. 가끔은 영원한 고독과 존재의 아무
의미 없음을 느낍니다."

– 세르게이 라흐마니노프

정신적 천재들이 겪는 고통

존스 홉킨스 대학의 신경 정신과 교수 케이 재미슨의 연구에 따르면 20세기의 위대한 예술가들은 일반인의 약 7배 수준으로 우울증에 취약했다. 정신과 의사 펠릭스 포스트도 성공한 작가와 예술가 291명의 전기를 연구했고, 이 중 38%~46% 정도가 중증 정신 장애가 있었다고 발표했다. 그 외에도 낸시 앤드레어슨, 아놀드 루드비히 등 많은 학자가 고도의 창의성이 요구되는 직업과 정서 장애는 상당한 연관성이 있다는 연구를 발표했다. 더 놀라운 점은 이러한 통찰을 한 인물이 이미 기원전 350년경에 있었다는 점이다. 아리스토텔레스의 『Problemata』에는 철학, 시, 예술 분야에서 탁월한 사람들은 우울 성향을 강하게 가진다고 기록되어 있다.

천재와 광인이 같은 개념은 아니지만, 내적 세계에 모종의 유사성은 어느 정도 있어 보인다. 특히 두드러지는 공통점은 강한 정신적 혼란이다. 그 혼란의 소용돌이에 압도당하면 환자가 된다. 하지만 경계를 넘나들며 얻은 유니크한 심리적 경험을 세속의 영역으로 끌어들이는 치환 작업이 가능하다면 천재가 된다. 물론 이러한 경험을 해 본 적이 없다면 온전히 이해하기가 매우 힘든 영역이기에 좀 더 풀어서 이야기해 보고자 한다.

기본적으로 우리의 무의식에는 뿌리 깊은 혼돈이 자리 잡고 있다. 어두움의 끝부터 밝음의 끝까지 그 스펙트럼은 매우 광범위하다. 하지만 이러한 감정을 모두 감당하고 제어하는 것이 매우 어렵기에 우리의 의식이 적절한 선에서 통제한다. 가령 무의식의 영역이 −100부터 +100까지라고 가정하면, 우리의 의식이 −5에서 +5 정도만 지각하도록 제한한다는 직관적인 이미지를 떠올리면 이해가 쉽다.

대부분의 사람은 자신의 내면 깊숙한 곳에 있는 마이너스의 측면, 즉 어두운 모습을 받아들이려고 하지 않는다. 무의식적으로 그것을 마주하기 두려워하고 거부하는 탓에 자신이 받아들이기에 불편함이 없는 수준에서만 자신을 인식한다. 하지만 이러한 본능을 역행하는 자들이 있다. 근원적인 호기심이 많은 사람은 더 넓은 무의식의 영역을 탐험하고자 하는 욕구가 강하다. 그러다 보니 자연스레 본인 내면의 어두운 면도 세밀하게 인식하게 된다. 분석 심리학자 칼 융은 그 어두운 영역을 그림자라 명명했고, 그저 거부하고 덮어두는 것이 아니라 온전히 느끼고 받아들여 자신의 성격으로 통합하는 작업이 인생의 중요한 과제라고 통찰했다.

일반적으로 풍부한 감성을 지녔거나 정신적 영역에 호기심이 충만한 고차원적 인간들이 그 과정을 더 구체적으로 경험하며 그 작업의 결과물은 미술, 음악, 영화, 글, 철학 등 다양한 형태로 구현될 수 있다. 다만 여기서 핵심은 본인의 의지로 스스로를 컨트롤할 능력이 있는가이다. 즉 내면의 어두움 속으로 들어가 탐험을 한 뒤 일상적인 자아로 되돌아올 능력과 의지가 충분하면 천재가 된다. 하지만 그 혼란 속에 빠져서 스스로 헤어나올 수 없으면 아픔의 영역에 들어간다.

독일의 시인 라이너 마리아 릴케는 말했다.

"확실히 모든 예술은 인간이 겪었던 위험의 결과이다. 어느 누구도 나아갈 수 없었던 미지의 장소에서, 한계를 향한 모든 길에서 겪었던 경험의 결과이다."

여기서 그가 말하고자 하는 '위험'이란 물리적인 개념이라기보다는 정신적 지평을 넓히는 과정에서 겪어야만 하는 고뇌와 혼란을 의미할 것이다. 앞서 언급했듯 정신적 모험이란 고유한 내적 본질로 침잠해 들어가는 행위다. 이것이 습관화된 사람들은 자연스레 고도화된 정신세계를 가지게 되고 독창적인 시각으로 세상을 바라본다. 좀 더 정확한 표현을 쓰자면 '정신적 천재'다.

정신적 천재들은 일반적인 사람들이 보지 못하는 것들, 간과하고 지나치는 수많은 것에서 의미나 연관성을 캐치할 수 있고 마치 하늘에서 인간 세상을 조망하는 듯한 시선을 가지게 될 수도 있다. 하지만 이에 따른 부작용도 분명히 있다. 탁월한 시선을 경험했기 때문에 인간 세상이 만든 기존의 질서에 온전히 편입되기 힘들다. 사소한 모순이나 결함도 눈에 더 잘 보이고, 표상의 세계에만 집착하는 세인들의 단선적인 사고방식에 무수한 답답함을 느낀다. 그러다 보니 과도한 에너지가 육체에 갇혀 억눌리기 쉽고 이는 곧 무기력과 절망감으로 변질된다. 이것이 결국 영혼을 갉아먹는 우울증이나 기타 정신 질환으로 이어지는 경우가 흔하다.

혼돈의 세계를 극복한 작곡가, 라흐마니노프의 일생

한국인이 가장 좋아하는 클래식이라면 단연 라흐마니노프 피아노 협주곡 2번으로 꼽는다. 곡 자체에 우울증 극복이라는 서사가 담겨 있기에 많은 이의 마음을 치유하는 곡으로도 유명하다. 라흐마니노프는 1873년에 러시아에서 태어났다. 아버지는 근위대 대장까지 역임한 장교이자 지역 유지였고, 어머니는 부유한 장군의 딸이었다. 한마디로 러시아의 귀족 가문이었다. 음악을 좋아하는 가족 분위기였고 그는 네 살 때 피아노를 시작한다. 일곱 살이 되던 해에 슈베르트의 가곡을 한 번 듣고 연주했고 이때 가족들이 라흐마니노프의 천재성을 인식하게 된다.

그러나 9세 무렵부터 본격적인 고난이 시작된다. 아버지는 술과 도박 중독에서 벗어나지를 못했고, 무리한 사업 확장이 실패로 돌아가며 재산을 탕진하게 된다. 가족은 큰 저택에서 작고 낡은 아파트로 이사했다. 원래는 사관 학교에 진학하여 장교의 길을 걷는 것이 집안 전통이었지만, 입학금이 없어서 포기했다. 그 대신 장학금을 받을 수 있는 상트페테르부르크 음악원에 진학한다.

어릴 적부터 유달리 고집이 셌던 그가 가문의 몰락, 부모의 이혼, 누나의 죽음 등의 환란을 겪은 후 집안 환경을 탓하기 시작하며 반항 기질은 더 심해진다. 학업에는 전혀 관심을 두지 않은 채 방황했고 이를 걱정하던 가족들은 그를 모스크바의 고모 집으로 보내게 된다. 이때 인생을 바꿀 스승 니콜라이 즈베레프를 만나게 된다. 단순히 음악뿐만이 아니라 예절이나 문학, 역사 등을 배우면서 인문학적 소양이 높아졌고, 이러한 체계적인 전인교육은 라흐마니노프를 서서히 변화시켰다.

그토록 반항적이었던 소년이 즈베레프 선생님에게는 순종적인 모습을 보였다. 이후 모스크바 음악원을 1등으로 조기 졸업하는 등 이미 어린 나이에 주목받는 음악가로 성장했다. 졸업 후 자신감으로 충만했던 청년 음악가는 매일 7시간 동안 작업에 매달린 끝에 교향곡 1번을 발표한다. 하지만 뜻하지 않게 평론가들에게 엄청난 혹평(*시대를 앞서갔다. 현재는 작품성이 뛰어나다는 평가를 받는 곡이다.)을 받게 되고, 비판에 익숙하지 않던 청년은 심한 슬럼프에 빠진다.

그뿐만 아니라 당시 4살 어린 사촌 여동생 나탈리아 사치나와 연애 중이었는데, 러시아 정교회가 근친결혼을 허용하지 않으면서 우울증이 더 심해진다. 이때 유소년기의 억눌렸던 상처들도 한꺼번에 터져 거식증을 동반한 심한 우울증은 3년 이상 지속된다.

고모의 입장에서는 라흐마니노프를 사위로 받아들이기는 싫었지만, 그래도 자신의 오빠에게 상처받은 조카에게 최선을 다한다. 러시아의 대문호 톨스토이와의 만남을 주선하는가 하면, 저명한 정신과 의사 니콜라이 달 박사에게 보내 집중 치료를 받게 한다. 달 박사는 라흐마니노프에게 많은 노력과 정성을 기울여 유대감을 형성했다. 더구나 자신도 아마추어 비올라 연주자였고 음악에 조예가 깊어 둘은 코드가 잘 맞았다. 결국 라흐마니노프의 수면 습관과 식습관이 개선되었고, 점점 긍정적인 생각도 많이 하게 된다. 집안과 러시아 정교회에서도 그렇게 반대하던 결혼을 결국 허락하고 지독한 우울증에서 벗어나게 된다. 이 시기에 쓴 곡이 바로 협주곡 2번인데, 초연하자마자 대박을 터트리며 곧 세계적인 작곡가 반열에 오르게 된다.

하지만 운명은 그를 가만히 내버려두지 않는다. 러시아에 볼셰비키 혁명이 일어나면서 귀족 계급이었던 라흐마니노프 가족은 위협을 느낀다. 노르웨이와 프랑스에서 떠돌이 생활을 하다 결국 미국으로 망명하게 된다. 34세의 나이로 러시아를 떠났던 그는 제1차 세계대전이 끝나고 다시 고국으로 돌아가고 싶었지만, 러시아 정부의 문화 정책에 대한 비판으로 정부의 미움을 샀기에 꿈이 이루어지지 못한다. 약 12년간 해외 생활을 하던 그는 45세의 나이에 암으로 사망했다. 그는 이런 말을 남겼다.

"저는 이 세상에 서툰 존재 같아요. 가끔은 영원한 고독과 존재의 아무 의미 없음을 느낍니다."

마치 천재 화가 빈센트 반 고흐가 자신이 세상에 어울리지 않는 사람 같다고 말했던 것이 떠오른다. 그 표현 방식이 그림이냐 혹은 음악이냐의 차이였을 뿐, 둘은 유사한 감정을 느꼈다. 라흐마니노프는 음악을 통해 자신의 아픔과 어려움을 치유하고, 감정을 표현하는 방법을 찾았다. 온갖 역경을 겪으면서도 그 혼란을 극복하고 예술적 통찰력을 보여주었다. 탁월한 정신세계로 인해 세속의 삶과 큰 이질감을 느끼고 살았지만, 무너지지 않았다. 무질서한 혼돈의 세계에서 오는 혼란에 압도당하지 않고 끝까지 노력한 것이 명곡들을 탄생시키는 배경이 되었다.

고뇌는 창의성을 끌어내는가?

월트 디즈니는 1941년 친구에게 보내는 편지에서 환영과 우울함에 시달린다고 고백했다. 어디 그뿐인가, 베토벤, 모네, 반 고흐, 차이코프스키, 말러, 슈만, 슈베르트, 피카소, 고갱 등 이름을 한 번쯤 들어봤을 법한 예술가들의 삶을 살펴보라. 우울증이나 불안, 강박, 편집증, 공황장애 등 각종 마음의 병을 경험하지 않은 사람을 찾기가 힘들 정도다. 현대 미술의 한 획을 그은 에드바르 뭉크의 경우도 마찬가지다. 그는 자신이 최악의 유전적 기질 두 가지를 물려받았는데 그것은 병약함과 정신병이라고 고백했다. 그럼에도 불구하고 그는 당당하게 말한다.

"나는 내 병이 치유되기를 바라지 않는다. 나의 예술에는 그것이 필요하다."

그는 우울증 치료를 받는 와중에도 자신의 아픔이 그림을 그리는 데 큰 도움이 되고 있음을 인지했다. 심적 고통은 많은 위대한 예술적 성취를 가능하게 한 촉매제가 되었고, 특히 창작 활동을 하는 사람이라면 어두운 사색의 끈을 반드시 붙잡아야 할 절호의 찬스로 여기기도 한다. 이처럼 억압과 아픔을 긍정적이고 생산적인 일로 풀어낼 때 우리는 그 진실된 노력을 승화라는 개념으로 이해한다.

예술은 깊은 심연을 탐구하고 느낀 감정을 타인에게 전달할 목적으로 다시 상기하여 외면적 형태로 표현하는 것이다. 그렇기에 인간의 희로애락이 다 들어가 있고 자유로운 정신이 현실에 구현된 결과물이기도 하다. 진정한 예술이라면 그것으로 인해 다른 사람을 새로운 차원을 경험하게 해줄 힘이 있어야 한다. 비범한 의식 상태를 경험하고 본질에 관한 뼈아픈 사유와 고찰을 하여 그것이 글이든 그림이든 음악이든 어떤 외적인 방식으로 승화되어야 한다. 그래야 그 결과물을 접하는 타자의 치유와 행복에 근원적인 보탬이 되는 결과물을 만들어낼 수 있다.

추상 미술의 선구자 바실리 칸딘스키는 그 메커니즘을 누구보다 잘 이해했고, 그래서 자신의 저서 『예술에서의 정신적인 것에 대하여』에서 "예술가라면 우선 영혼을 단련해야 한다."라고 통찰했다. 이처럼 예술적 승화의 본질은 상당히 심오하며 영적이다. 한마디로 심층을 건드리는 작업이다. 이제 우리는 정신적 천재들의 재능이 꽃필 수 있었던 원동력과 그들의 고뇌가 어떤 연관이 있는지 대략 그 의미를 짐작할 수 있다. 인간이 가진 내면의 깊은 어두움을 외적인 형태로 승화한 것을 가치 있고 비범하다고 여기는 움직임은 결코 우연이 아니다.

우울한 지성인

Chapter 2
정신 수준에도 계급이 있다

아르투어 쇼펜하우어 (Arthur Schopenhauer)

"사람은 오직 자신의 지성 정도에 한해서 다른 사람을 볼 수 있다. 어떤 사람의 지성 정도가 낮은 경우 다른 사람이 아무리 훌륭한 소질을 지니고 있다고 해도 그에게는 아무런 작용도 하지 못한다."

―아르투어 쇼펜하우어

듣고 싶은 말이 아닌 들어야 할 말

독일의 철학자 쇼펜하우어의 삶을 보면 마치 어린아이에게 산타는 없다고 말해주는 역할을 한 인물이란 생각이 든다. 듣고 싶은 소리가 아닌 들어야 할 소리를 했으며 다만 그 대상이 전 인류였을 뿐이다. 특유의 직설적인 화법이 크게 재조명되며 최근 한국에서 '쇼펜하우어 신드롬'이 불기도 했다.

그는 인간 존재의 비극적인 측면을 강조했다. 인간의 의욕이 고통을 초래하며, 욕망을 해소하기 위해 새로운 욕망을 만들기 때문에 인간의 삶이 불행하다고 여겼다. 돌출적인 표현 때문에 자살을 부추기는 철학자라는 오해를 받기도 했다. 하지만 세상을 신랄하게 비판하는 것은 역설적으로 그만큼 삶의 의지나 세상을 바꾸고자 하는 열망이 강한 사람이라는 뜻이라고 볼 수도 있다. 삶의 고통을 적나라하게 드러냈기에 염세주의자라고 불리지만, 사실상 그는 부조리한 현실을 있는 그대로 표현한 용감한 영혼이었다.

꼰대, 진지충 등의 단어를 보면 어떤 생각이 드는가? 생각하기 싫어하는 사회가 되어 진지한 사고를 조롱하고 빈정거리는 문화가 당연한 듯 자리 잡았다. 그 무지하고도 등등한 기세에 눌려 어떻게든 해당 프레임 안에 들어가지 않으려 눈치를 보고 신경 써야 한다. 물론 쓸데없는 조언이나 잔소리가 지양되어야 함은 부정할 수 없다. 하지만 꼭 필요한 토론이나 조언, 가치 있는 사색의 결과물 또한 그 희미한 경계 속에 뭉뚱그려지는 것은 아닌가 살펴볼 필요가 있다. 소소한 지적도 감당해 내지 못하는 유리멘탈이나 혹은 짧은 식견을 들키고 싶지 않은 자들의 외침이 승리한 프레임이 된 것을 보라. 우리 사회가 얼마나 정신적으로 단단하지 못한가를 보여주는 단면이다. 물론 이는 비단 현대 한국 사회의 모습만은 아니다.

세상을 꿰뚫었던 지성인, 쇼펜하우어의 일생

아르투어 쇼펜하우어는 1788년, 단치히의 고급 주택에서 태어났다. 아버지 하인리히는 무역업으로 크게 성공한 사업가였고 38세의 나이에 스무 살 어린 여성과 결혼했다. 결혼 당시 18세였던 어머니 요한나는 시의원의 딸이었고 문학과 음악에 뛰어난 재능이 있는 숙녀였다. 쇼펜하우어는 아버지의 냉철한 판단력과 통찰력, 그리고 어머니의 문학적 재능과 예술가적 기질을 동시에 물려받았다. 아버지의 눈에는 아들의 남다른 상상력과 지적 능력이 훌륭한 기업가의 자질로 보였다.

열한 살이 된 쇼펜하우어는 상류층 자제들이 모인 사립학교에 입학한다.

하지만 특출남이 항상 장점이 되는 것은 아니었다. 날카로운 관찰자의 눈을 가지고 태어난 그는 인간으로서 존재의 고통, 우주의 무의미함, 세상의 부조리 등을 예리하게 인식했다. 수많은 사람이 가난에 허덕이고 고통받는 것에 큰 연민의 감정을 느꼈다. 진실과 본질을 깊이 있게 파고드는 성격 탓에 사치와 허영심에 가득 찬 학우들과는 어울리기 힘들었다. 부모님은 매사에 고뇌하고 의심하고 따져 묻기를 좋아하는 아들의 성향을 염려하기 시작했다.

아버지는 아들의 성격을 어떻게든 바꿔보려고 노력했다. 아들의 견문을 넓혀주면 장차 큰 사업가가 되는 데 유리할 것으로 판단하여 독일 전역과 체코를 함께 여행하기도 했다. 하지만 기대와는 정반대로 여행을 마친 쇼펜하우어는 사업가가 되지 않겠다고 선언한다. 실망한 아버지는 이번에는 초호화 유럽 여행을 계획한다. 유럽 전역을 여행하며 최고의 경험을 하도록 하면 돈이 얼마나 좋은지 알 것이라는 심산이었다. 하지만 역시 이 또한 수가 얕은 생각이었다. 당시 쇼펜하우어가 여행하며 쓴 일기에는 구걸하는 빈민, 강제 노동을 당하는 흑인, 장시간 노동하는 노동자 등 비참한 모습이 가득 담겨 있었다.

결국 아버지는 아들을 사업가로 키울 수 없다는 사실을 인정할 수밖에 없었다. 모든 것을 걸고 키운 사업에 후계자가 없다는 사실에 낙담했다. 이에 더해 원만치 못한 부부 관계와 청력 이상, 우울증 등에 시달리다 결국 투신자살을 했다. 당시 17세이던 쇼펜하우어는 자신 때문에 아버지가 죽었다고 생각하여 큰 죄책감에 시달린다.

한편 작가이기도 했던 어머니 요한나는 본인의 자서전을 통해 하인리히와의 결혼에 대해 밝힌 바 있다. 스무 살의 나이 차에도 불구하고 결혼한 이유는 단순히 남편의 사회적 지위와 돈이었으며 단 한순간도 그를 사랑한 적이 없었다고 했다. 하인리히가 병환에 시달리며 고통을 호소할 때조차 요한나는 흥청망청 파티하는 것에 몰두했다. 누구보다 허영심을 싫어한 아들 쇼펜하우어는 이를 천박하며 저급하다고 여겼다.

아버지가 돌아가시고 난 뒤 모자간의 관계는 완전히 파탄 나게 된다. 쇼펜하우어는 막대한 유산을 이용해 화려한 연회와 사교 활동에 전념하는 어머니를 경멸했다. 어머니를 비롯한 많은 상류층 여성이 관능적인 향락에만 빠진다는 것이 그의 주관적 경험을 통한 판단이었다. 이에서 비롯된 여성혐오의 감정은 평생 독신으로 살아가는 데 큰 역할을 했다. 쇼펜하우어에게 사교 활동이란 진정성이 결여된 인간들의 허례일 뿐이었다. 그는 인간은 욕망과 쾌락을 해소하기 위해 끊임없이 새로운 욕망을 찾는다고 보았고, 결혼도 일시적인 행복의 원천은 되지만, 근원적으로는 오히려 불행과 고통을 초래한다고 주장했다.

스물한 살에 괴팅겐 대학 의학부에 입학했지만, 역시 쉽게 적응하지 못한다. 교수들의 강의조차 천박하게 여기며 비판했다. 다방면의 독서를 통해 혼자 사색하는 것을 즐기던 그는 결국 철학으로 전공을 바꾼다. 사람들과 어울리기 싫어하고 본질을 끝까지 파고드는 그 특유의 기질이 서서히 장점으로 변모해 가기 시작한 것이 이 시점부터다. 오랜 연구 끝에 일생의 역작 『의지와 표상으로서의 세계』를 출간했다. 쇼펜하우어는 이 책이 문명사적 의의가 있는 책이 되리라 장담했지만, 1년 동안 100권 정도밖에 팔리지 않는 처참한 결과를 마주하고, 자신의 천재성을 이해하지 못하는 세상에 원망과 증오심을 품게 된다.

이후 서른두 살에 베를린 대학 강사가 된 쇼펜하우어는 당대 최고의 지성인이라 불리던 헤겔과 정면 대결을 시도했다가 참패를 당한다. 많은 학생들이 헤겔의 강의를 듣고 싶어 줄을 섰으나 쇼펜하우어 강의를 듣고자 하는 학생은 없었다. 그러나 여전히 그 상황을 자신의 부족함으로 받아들이기보다는 '세상의 무지함'으로 인식했다. 그는 헤겔의 철학이 알맹이는 없고 현학적인 문장으로 사람을 홀리는 피상적인 사상이라고 여겼다.

그뿐만 아니라 이러한 사상을 추종하는 세속 지식인들의 무지함과 교수 사회의 파벌도 혐오했다. "무능하고 간사한 교수 패거리"라는 표현을 할 정도로 기성 학계에 대한 불신이 컸다. 결국 대학을 벗어난 그는 독자적인 연구를 이어갔지만, 아무도 그의 말에 관심을 기울이지 않았다. 쇼펜하우어는 고독과 두려움, 망상에 사로잡혔다. 우울감은 더 깊어져만 갔고 세상이 어둡고 비참하다고 인식했다. 대중적인 인기는커녕 학계에서도 철저히 고립된 아웃사이더였다.

오랜 고립을 견뎌낸 그의 굳은 심지가 빛을 발하게 된 것은 63세가 되어서다. 무거운 철학 서적이 아닌 가볍게 쓴 에세이『소품과 부록』이 뜻밖의 폭발적인 반응을 얻게 된다. 전 세계 대학에서 쇼펜하우어의 철학을 주제로 강의가 열렸고, 편지와 손님이 끊이지 않았다. 이후 70세가 되던 해에 그의 명성은 절정에 달했지만, 얼마 못 가 폐렴으로 사망했다.

늘 인생을 진지하게 대했고 진리만을 추구했던 쇼펜하우어의 사상은 바그너의 음악과 칼 융의 분석 심리학을 넘어 아인슈타인에게도 큰 영향력을 주었다. 대학생이던 니체가 우연히 쇼펜하우어의 책을 읽고 철학자가 되기로 결심한 일화도 세간에 잘 알려져 있다. 철학과 문학을 넘어 예술과 과학까지 그가 미친 영향력은 실로 막대했다.

시류에 휩쓸리지 않는 정신적 귀족

쇼펜하우어가 살아온 인생을 토대로 그의 관점에서 유추하자면 이 세상은 마치 거대한 정신병원과도 같았다. 사람들은 거의 모든 방면에서 온갖 방식으로 세뇌당하고 있다. 단순 비교를 통해 우위를 점한 프레임이 절대적 진리가 되는 억지와 도약이 난무한다. 오직 극소수의 선구자만이 사람들을 깨우기 위해 목소리를 높이지만, 대부분의 경우 그들은 이상한 사람 취급을 받는다. 그래서 쇼펜하우어는 세상을 원망했었다.

피상적으로는 인간에 대한 원망과 혐오로 가득 찬 사람으로 보인다. 하지만 그가 정말로 인간을 싫어했는지는 조금 더 깊이 파고들어 볼 필요가 있다. 마음속 깊은 곳에는 진짜와 가짜를 구분하지 못하는 군중과 세속 지식인에 대한 답답한 심정이 자리 잡고 있었다. 그의 불만은 이해 가능의 범위를 넘어서는 자신의 천재성을 알아볼 만한 사람이 없다는 억울한 심정의 토로였을 것이다. 누구보다 날카롭고 명석한 사고를 할 수 있었던 대가로 아무에게도 이해받지 못했던 그 울분 말이다.

쇼펜하우어는 정신 수준에도 계급이 있다고 생각했다. 개인마다 타고난 지각의 범위가 있고 이를 바탕으로 자신의 관념이나 세상을 바라보는 시선의 높이가 결정된다는 의미다. 그는 사유가 깊어질수록 몸도 고귀해진다고 믿었고, 세속적인 목적을 배제하고 순수하게 직관에 몰입할 능력이 있는 소수의 인간을 정신적 귀족(aristocracy of the mind)이라 명명했다. 그리고 정신적 귀족이야말로 금권 귀족이나 신분상의 귀족을 넘어서는 가장 고귀한 존재라 여겼다. 오직 그들만이 진정한 의미에서의 '고상한 향유'를 누릴 지성을 지닌 인간으로 보았다.

그렇다면 그가 당대 최고의 지성인이었던 헤겔 및 교수 사회, 그리고 그들을 맹목적으로 추종하는 당시 사회 분위기를 싸잡아 경멸한 이유는 무엇일까? 일반적으로 세속적인 관점에서의 '엘리트 집단'에 소속된 사람들은 각자의 분야에서 쌓아온 사회적 평판과 정형화된 지식, 정교한 논리 등을 무기로 쉽게 넘볼 수 없는 바운더리를 형성한다. 하지만 정작 그 편협함 속에 갇혀버린다는 단점이 있다. 반면 쇼펜하우어나 니체, 이어령 등 날카로운 지성을 소유한 인물들의 저술을 살펴보면 하나같이 피상적인 형태의 지식이나 이를 맹목적으로 따르는 '지적 유행' 현상을 혐오하거나 경계하는 모습을 볼 수 있다.

사회는 축적된 지식이나 소위 스펙 등을 지성인의 척도로 삼지만, 쇼펜하우어의 기준에서는 그게 아니었다. 결국 그가 말하는 정신적 귀족은 어디에도 치우치지 않고 인식의 균형을 찾아가며 본인만의 독창적인 세계관을 구축할 수 있는 지성을 가진 존재다. 끊임없는 사유의 과정을 통해서 사물의 근원적, 본질적 부분을 이해하고 그 원리를 알아가려 노력해야 한다. 전체를 조망하는 시선을 통해 어떤 사안이 전체의 인과적 질서에서 차지하는 위치를 파악할 수도 있어야 한다.

우울한 지성인

그런 고차원적 존재들만이 스스로 자기 정신의 주인이 된 사람들이다. 시류에 휩쓸리지 않는 탓에 세간의 오해를 받기도 하지만, 거기서 오는 고뇌와 안타까움을 느끼기를 두려워하지 않고 당당하게 마주한다. 언젠가는 세상에 선물을 가져다줄 진정한 지성인이다.

우울한 지성인

Chapter 3

세상에 어울리지 않는 고귀한 영혼

빈센트 반 고흐 (Vincent van Gogh)

"우리의 영혼에는 아주 큰불이 있다. 하지만 아무도 그 따뜻함을 느끼려 하지 않는다."

−빈센트 반 고흐

세상에 어울리지 않는 고귀한 영혼

순수하고 진실한 마음이 큰 잠재력을 가지고 있음은 분명하다. 그러나 타락이 촘촘히 구조화된 세상에서 오는 저항은 결코 만만하지 않다. 많은 경우 저급한 동기가 고귀한 동기보다 더 강한 에너지를 뿜어낸다. 가령 친절, 이타심, 용기, 사랑 등의 고귀한 미덕보다 이기심, 속임수, 비열함, 질투 등의 저급한 미덕이 더 강한 전염성을 가지고 있다. 전자는 어느 정도 희생과 양보를 요구하는 가치인 반면, 후자는 원초적인 욕망에 의해 동기부여가 되는 경우가 많기 때문이다.

무엇이 진실인지 파악하는 것도 쉽지 않다. 내면 수양이 부족한 사람일수록 그러한 자신을 감추고 싶어 하며 본능적으로 자신의 선량함과 인품을 치장하여 스스로를 자각하고 싶어 한다. 따라서 외적으로 보이는 모습과 깊은 속마음이 서로 대립하는 경우도 많다. 과거 공자도 '향원'은 도덕의 적이니 경계해야 한다고 했다. 여기서 말하는 향원이란 주변에서 '도덕적 인물'이라고 칭송받는 사람을 뜻한다. 그뿐만 아니라 맹자(14편) 또한 같은 맥락의 말을 전한 바 있다.

"향원은 비판하려 해도 딱 꼬집어 거론할 것이 없고, 공격하려 해도
공격할 데가 없다. 세속에 쉽게 동화되고 더러운 세상에 잘 적응한
다."

세상 공부를 깊이 했던 두 인물이 각각 향원, 즉 요즘 표현으로 하자면
'좋은 이미지로 포장된 사람'을 비판한 것은 분명 그만한 이유가 있다. 그만
큼 '교묘'하므로 보통 사람들이 진실을 잘 알아차리지 못하고 쉽게 착각함
을 경계한 것이다. 특히 지금과 같은 탈진실 시대에는 진리와 진정성이 더
욱 낮은 가치를 부여받기 때문에 생각하는 힘을 기르지 않으면 무엇이 올
바른 판단인지 방향키를 잡기가 너무나도 어렵다. 그렇다면 진정으로 진실
한 인간은 어떤 특성이 있을까? 다음은 소설 『달과 6펜스』에 나오는 한 대
목이다.

"그를 사로잡았던 건 아름다움을 창조하려는 열정이었습니다. 진리
에 대한 욕구가 너무 강렬한 나머지 그 진리에 도달하기 위해 자신
의 기반마저 산산이 부숴버리는 사람들이 있습니다."

이 글을 보며 필자의 머릿속에 제일 먼저 떠오른 인물은 불교의 창시자

우울한 지성인

석가다. 그는 오직 진리 추구를 위해 주어진 특권을 벗어던지고 평생 가난한 구도자의 길을 걸었다. 그리고 예술가 중의 한 명을 꼽으라면 단연 빈센트 반 고흐다. 그는 화가로서 격렬하게 고뇌하는 과정 그 자체를 중요시 여겼던 인물이다.

반 고흐는 짧은 생애에도 불구하고 예술사에 큰 족적을 남겼으며 그의 작품은 미래 세대에게 세상에서 가장 비싼 그림으로 평가받는다. 하지만 정작 살아생전에는 평생 단 한 점의 그림밖에 팔지 못했다. 그는 예술적 기교나 형식 탐구에 몰두하지 않았다. 가난에 찌들어 살면서도 상상력과 호기심을 잃지 않고 결국 아름다운 예술 세계를 창조했다. 사회적 약자들을 대변하는 그림을 그렸으며 단한한 삶을 살더라도 자신의 마음에 반하지 않는 진실된 삶을 살았다.

하지만 현실은 만만치 않았다. 그 순수한 영혼의 소유자는 일생 동안 이 세상과 어울리지 않는다는 느낌을 받을 수밖에 없었다. 인간 세상은 약자에 대한 깊은 연민을 품고 진실한 마음으로 매사 고뇌하며 사는 그를 낙오자라고 불렀다. 공자와 맹자가 살아 돌아온다면 아마도 이런 인간 유형을 향원이라는 개념의 대척점에 서 있는 고결한 인물로 평가하지 않을까.

미친 세상에 홀로 던져진 예술가, 반 고흐의 일생

빈센트 반 고흐는 1853년 네덜란드 쥔더르트에서 태어났다. 아버지는 개신교 목사였고 크게 알려진 인물은 아니었다. 유소년기에는 비교적 평범한 아이였으며 미술에 두각을 드러내는 천재는 더더욱 아니었다. 다만 책은 손에서 놓지 않는 문학 소년이었다. 학창 시절에도 큰 문제 없이 지내는 듯했으나 어느 날 느닷없이 학교를 자퇴하고 집으로 돌아왔다. 그의 나이 16세였다. 당시 자퇴의 이유는 아직도 의문으로 남아 있지만, 학자들은 정신 발작으로 추정하고 있다.

이후 약간 방황의 시기를 보낸 뒤 화상으로 성공한 큰아버지의 주선으로 구필 화랑에서 일을 시작하게 된다. 이 시기에 다양한 작품들을 광범위하게 접할 수 있었고 돈을 꽤 벌기도 했다. 당시 빈센트에게 특히 큰 영향을 준 작품은 밀레의 〈이삭 줍는 사람들〉이었다. 소박하고 진실한 삶이 담긴 그림에 큰 감동을 하였고 밀레를 존경했다.

미술상으로서 어느 정도 경험이 쌓이고 런던에 파견 근무를 가게 된다. 당시 고도성장이 이루어지고 있던 영국의 노동자들이 얼마나 비참한 삶을 사는지를 목격하고 부르주아들의 허영심에 환멸을 느낀다. 말 한마디에 미술 작품의 가격이 천양지차가 되는 업계 특유의 모호성도 의심하기 시작한다. 자연스레 화랑에서 일할 의욕을 상실하고 결국 해고된다. 어쩌면 그가 절대로 비즈니스 맨이 될 수 없다는 것을 확인해 준 사건이다.

화랑에서 나온 뒤의 삶은 파란만장했다. 교사, 책방 점원 등 다양한 직업을 전전했고 선교사 활동을 하기도 했다. 본격적으로 목회자가 될 준비도 했지만, 이마저도 그만둔다. 교리나 전통에 집착하는 문화에 적응하지 못했다. 빈센트는 좋은 옷을 입고 기름진 음식을 먹는 것 자체에도 죄책감을 느꼈다. 그래서 가난한 사람들과 어울리며 돈, 음식, 옷 등 아낌없는 나눔을 실천했지만, 교회의 위신을 훼손한다는 몰이해를 받았다. 결국 종교 조직에도 환멸을 느끼고 우울증이 도지는 등 정신적 혼란을 겪는다. 순수한 영혼이 갈등과 반목이 끊이지 않는 세상 속에 피투 되어 느끼는 괴리감은 너무 컸다.

지난한 방황의 시기를 보내다가 본격적으로 화가가 되기로 결심한 것은 서른이 되어서다. 집안에서는 반대했지만, 동생 테오가 지원을 약속하면서 본격적으로 그림을 그리게 된다. 자신이 존경하는 밀레가 가난한 농부들의 삶에서 존엄과 숭고함을 보았듯, 그 역시 노동자 계급을 대변하는 그림을 그리고 싶었다. 이는 정직한 눈으로 진실을 보는 예술가가 되고 싶은 염원이기도 했지만, 한편으로는 죄책감에 시달리던 빈센트가 스스로를 구원하는 일종의 통로이기도 했다. 그렇게 탄생한 그의 대표작 중 하나가 〈감자를 먹는 사람들〉이다. 이때까지만 하더라도 아직 미술적인 훈련이 완성된 시기가 아니었고, 세상도 그 안에 담긴 특별함을 알아보지 못했다.

1886년, 당시 전위적인 예술이 유행하던 파리로 이주한 후 인상주의 화가들의 영향을 크게 받았다. 화풍이 다소 밝아지기도 했지만, 여전히 이렇다 할 좋은 평가는 받지 못한다. 오히려 예민한 성격 탓에 다른 사람이 자신의 그림을 비판하면 엄청난 스트레스를 받았다. 대도시의 생활에 염증을 느낀 그는 남프랑스에 위치한 도시 아를에 화가들의 공동체를 세우겠다는 계획을 세운다. 그는 여러 화가에게 편지를 보내 화가 공동체를 만들자고 제안했지만, 모두가 이를 무시했다. 유일하게 폴 고갱이 이 제안을 받아들였는데, 이 또한 순수한 동참이라고 보긴 어려웠다. 빈센트의 동생 테오가 매달 고갱의 그림을 사주는 방식으로 생활비를 대주는 약속을 해주었으니, 일종의 '딜'이라고 보는 것이 가깝다.

반 고흐와 고갱, 두 사람의 화풍이나 성격은 너무 달랐다. 몇 주간 함께 지내며 작업했던 둘 사이에 사소한 갈등이 쌓이고, 결국 큰 말다툼으로 이어진다. 애초에 오래갈 인연은 아니었다. 정신 발작을 일으킨 반 고흐가 면도칼로 자신의 귀를 잘라버리고, 이에 완전히 질려버린 고갱은 파리로 돌아갔다. 반 고흐는 생 레미에 있는 정신병원에 입원하여 약 1년 정도 치료를 받았다. 그가 겪었던 문제에 대해서는 전문가들 사이에서도 의견이 분분하다. 편집증, 간질, 우울증, 조울증, 죄책감 등이 거론되었지만, 정확히 무엇이었는지는 알 수가 없다.

빈센트는 최악의 정신 상태에 놓여 있을 때, 그림으로 그 감정을 표출하며 우울과 슬픔에서 벗어나려고 지독한 노력을 했다. 현재 서양 미술사에서 가장 큰 의미를 지닌 그림 중 하나인 〈별이 빛나는 밤〉도 그렇게 탄생했다. 최악의 감정을 경험했기에 그만큼 심오할 수 있었다. 동생 테오에게 보낸 편지 중 "가장 어두운 밤도 언젠가 다시 밝아진다."라는 대목이 있는데 희망이 투영된 것으로 보아 다시 좋아지고자 하는 의지가 분명히 있었던 것으로 보인다.

그러나 퇴원 후에도 그를 정신병자 취급하는 동네 주민들과의 불화는 끊이지 않았고, 건강 악화와 우울증 등으로 끊임없이 고통받았다. 결국 1890년, 빈센트는 권총 자살을 시도했다. 하지만 자살마저도 그에게는 쉽지 않았다. 심장을 빗겨나간 총알이 척추에 걸려 3일간 침상에서 신음하다 죽음을 맞이했다. 존재의 의미와 진실성, 자연의 아름다움과 우주적인 연결성을 우리에게 알려준 예술가의 고통스러운 삶, 그리고 비극적인 마지막이었다. 형의 비참한 죽음에 큰 충격을 받은 테오도 이후 정신병이 생겨 6개월 후 세상을 떠나게 된다.

빈센트의 작품이 사후에 재평가받게 된 가장 큰 원인은 동생 테오와 생전에 주고받은 688통의 편지다. 일종의 사료(史料)가 되어 그가 어떤 가치관을 가졌던 화가인지, 무슨 생각으로 그림을 그렸는지 등을 자세히 유추할 수 있다. 그런데도 불구하고 작가의 죽음을 기점으로 세상이 극명한 차이를 보이며 숭배 작업을 하는 것을 보면 참으로 아이러니하다. 그리고 현재 그의 작품은 천문학적 가치를 지니지만, 세상이 그 진정한 가치를 아는지는 여전히 의문이다.

빈센트가 어떤 영혼의 소유자인지 완전히 이해하고 있었던 사람은 오직 동생 테오뿐이었다. 다음은 파올라 라펠리의 저서 『반 고흐 미술관』에 인용되는 테오의 입장이다.

"형은 반복되는 일상생활 속에서 사람들이 각자의 찬란한 빛을 잃어버렸다는 생각을 처음으로 한 사람이다. (…) 형에 대해 알려고도 이해하려고도 하지 않았던 사람들이 가장 나쁘다."

가짜가 더 진짜 같은 세상

시인 윤동주가 남긴 명언 중 "시가 이렇게 쉽게 쓰이는 건 부끄러운 일이다."라는 구절은 그의 완벽주의 성향을 잘 드러낸다. 타고난 세심한 성격 때문에 자신을 끊임없이 성찰했으며 매사에 높은 기준을 가지고 스스로를 채찍질했다. 본인의 단점과 현실에 안주하려는 마음을 끊임없이 부끄러워

우울한 지성인

하면서도 스스로에 대한 연민으로 자신과 화해를 하기 위해 꾸준히 노력했다. 반 고흐 또한 크게 다르지 않았다. 천부적으로 스스로에게 높은 도덕과 양심의 기준을 적용했고 끊임없이 자기 내면과 소통하며 진실성을 추구했다.

겉으로 친절하고 반듯하게 보여도 속으로 교활한 자가 있다. 반대로 내면은 진실해도 얼핏 보기에 차갑거나 혹은 어리석게 비치는 사람도 있다. 그렇다면 진실한 인간을 어떻게 알아볼 것인가? 영혼의 감수성에 더 깊이 닿은 이들은 대개 사회적 옷을 입는 것을 거추장스러워한다. 그들은 가식과 꾸밈이 없기에 투박하거나 때에 따라서는 매우 직설적으로 보일 수도 있다. 외교적인 세련미와 대비되는 탓에 성숙한 태도가 아니라는 오해를 받기도 한다.

상투적인 말이 아니라 솔직하고 현실적인 화법이 많기에 간혹 염세주의자로 여겨지기도 한다. 그들의 삶의 목적은 사회와 인류에게 어떤 근원적인 가이드를 제공함에 있다. 더 높은 지위나 명성, 혹은 돈 등의 물질적 가치를 최우선시하지 않는다. 그러나 자연스레 따라오는 물질적 풍요라면 또 굳이 마다하지도 않는다. (그래서 오해받기 쉽다.)

탐욕의 구름이 진실을 뒤덮어 자신의 내면 본성을 잘 느끼지 못할수록 안정과 풍요를 누리는 데 유리한 것은 분명하다. 인간 세상은 적정 수준 타락한 것이 기본값이기에 그 틀 내에 있는 한 순수함이나 진실함 등의 가치는 근본적으로 매우 불리한 특성이다. 진실의 법칙과 상식의 법칙은 엄연히 다르지만, 대부분의 사람은 이를 구분하지 못한다. 그래서 진실을 보여주고자 하는 열정을 가진 이들은 엄청난 저항과 오해의 소용돌이에 직면할 수밖에 없다.

물론 진실함이 승리하는 경우도 드물게 있다. 극소수의 경우는 상상을 초월하는 성공을 거두거나 역사적 과업을 달성하기도 한다. (이 책에 그러한 사례도 소개된다.) 진실한 자들은 본질을 강박적으로 추구하기에 남다른 통찰력이 나온다. 보통 사람들은 가늠하지 못하는 세상의 이면을 보고 관찰하는 모든 사안의 뿌리를 보려고 하기 때문이다. 하지만 현실적인 측면에서는 넘어야 할 간극이 엄청나게 크다. 얼굴이 두꺼운 자들보다 견뎌야 할 역경이 비교적 더 클 수밖에 없고 온전히 인정받기까지 길을 크게 돌아갈 확률이 높다.

가령 대부분 정치인의 특성을 간단히 고찰해 보자. 내면의 근원 동기는 탐욕과 권력욕에 찌들어 있으면서도 겉으로는 국가와 국민을 외친다. 자신과 반대 입장에 있는 모든 이를 비방하는데 이는 어두운 마음을 가리기 위한 매우 매력적인 피난처이다. 모든 잘못의 원인을 외부에서 찾고 이를 잘

정제하여 대중이 훌륭한 아이디어나 의견으로 받아들이게끔 정교하게 꾸밀 충분한 능력이 있다.

종교의 영역도 마찬가지다. 이 세상에는 큰 깨우침을 얻은 극소수의 사람들도 있긴 하지만, 많은 경우 은둔자로 살아간다. 오히려 어정쩡하게 아는 자들이 뻔뻔함을 견디는 능력이 클 때, 부와 명예 그리고 미디어의 관심이나 많은 숫자의 추종자를 거느리는 경우가 많다. 얼마나 가짜에게 유리한 세상인가?

수적 논리를 따르는 세상에 부합하는 성향이 세속적 성공을 하기에 유리한 조건임은 틀림없다. 그러나 진실한 영혼의 기질은 태생적으로 이와 반대다. 그들은 뻔뻔함과 단순함을 병적으로 싫어하며 못 견뎌 한다. 심지어 떳떳하지 못하고 수치스러운 자신의 모습을 발견하면, 스스로에게 형벌의 시간을 부과하기도 한다. 이는 여러 가지 마음의 병이 될 수도 있고 또는 스스로를 고립시키거나 자기 파괴적 행동으로 드러날 수도 있다.

세상을 그만큼 더 정확하고 있는 그대로 보려고 하기에 더 강도 높은 실존적 고민에 부딪힐 수밖에 없다. 수많은 작가나 사상가, 예술가들이 오리지널리티를 추구할 경우 세상으로부터 오해나 외면을 받거나, 잘해야 사후에 재평가를 받는 경우가 허다한 이유다. 심지어 반 고흐의 경우 자신의 미래까지도 이미 예측하였다. 1888년 그가 쓴 편지 중 이런 구절이 있다.

"내 작품이 팔리지 않아도 어쩔 수 없지. 그렇지만 언젠가는 사람들
도 내 그림이 거기에 사용한 물감보다, 내 인생보다 더한 가치가 있
다는 사실을 알게 될 거야."

프랑스의 작가 앙토냉 아르토의 저서 『사회가 자살시킨 자, 반 고흐』에서
는 결국 사회가 반 고흐를 죽였다는 논리를 펼친다. 거짓과 위선이 가득한
병든 사회는 '정상'이라는 기준을 내세워 개인을 통제한다. 가끔 소수의 자
유롭고 고귀한 영혼이 세상에 등장하는데 이들은 진리를 추구하며 진실을
말하고자 한다. 사회는 이들을 '비정상'의 범주로 밀어 넣고 입을 틀어막으
려 한다. 진실한 영혼의 입장에서는 아무리 보아도 너무나 실망스럽다. 앞
뒤가 전혀 맞지 않는 세상을 누구보다 신랄히 마주하고, 더 이상 그 속에
들어갈 수 없다고 결론을 내리지만, 현실적으로 어쩌지 못하는 상황에 당
황한다.

우울증 및 기타 정신 질환은 결코 '나약한 사람들'만 걸리는 병이 아니다.
오히려 높은 정신적 지능을 타고났거나 '진실됨'의 농도가 짙은 사람들의
특성을 고려해 봐야 한다. 그들이 세상의 부정성까지 자기 처벌 의식으로
치환하기에 이러한 징후를 드러낼 수도 있다는 점을 간과해서는 안 된다.

우울한 지성인

세상의 병든 측면을 보고 본인이 죄책감을 느끼고 아파하는 것은 진정성의 순도가 매우 높은 인간만이 느끼는 감정이기에 그렇다.

즉 진리에 다가서면 설수록 더 외롭고 힘든 삶을 견뎌내야 하는 그 고뇌를 생각해 볼 필요가 있다. 여기까지 흐름을 잘 따라왔다면 이제 왜 앞서 공자와 맹자가 '향원'을 경계하라는 말을 했는지 이해가 갈 것이다. 단순히 인성이 좋아 보인다고 누군가를 치켜세우는 것은 그만큼 단선적인 발상이다. (바야흐로 인성 중독 사회 아닌가?) 세상의 수준이 높지 못하면 결코 높고 청고한 정신을 이해할 수 없고 거짓과 진실은 혼동된다. 지금의 시대를 사는 정신적 천재들도 또다시 더 미래 세대에게 희망을 걸어야만 하는 안타까운 세상의 단면이다.

우울한 지성인

Chapter 4
세상의 문법과는 다른 방향의 천재

조앤 롤링 (Joan K. Rowling)

"세상을 바꾸기 위해서 마법이 필요한 것은 아니다. 우리의 내면에 이미 그런 힘들이 존재한다."

―조앤 롤링

세상의 문법과는 다른 방향

우리는 탁월한 상상력을 지녔던 인물들이 사회적 기준이라는 틀 내에서 얼마나 유별났는지 등의 스토리에 익숙하다. 아인슈타인, 디즈니, 에디슨 등 수많은 천재들은 학교나 직장 등 조직 생활에 적응하지 못했다. 심지어 월트 디즈니의 경우 다니던 회사에서 해고당한 사유가 '창의성 부족'이었다. 평범한 정신이 주류인 경직된 사회 속에서 특출난 정신 능력이 얼마나 쉽게 오해받고 형편없는 평가를 받는지 잘 알 수 있다. 현대 사회에도 달라진 것은 없다. 온 세상이 창의성을 외치지만, 기계적인 사유 내에서의 창의성일 뿐이다. 과거 천재들의 생각은 현재의 관점으로 이해가 되지만, 현재를 살고 있는 천재들의 생각은 또다시 미래인의 관점으로 이해받아야만 하는 현실이다.

고차원적인 정신활동이 일상화된 소수의 사람이 쉽게 오해받는 이유는 간단하다. 평범함이 요구되는 일에는 정작 주의력이 낮아 뭔가 정신이 딴 데가 있는 듯 보이거나 판단력이 떨어지는 듯 보이는 경우가 많기 때문이다. 가령 심도 있는 철학적 사유나 기발한 상상은 잘하지만, 돈 관리나 반복 업무에는 완전 젬병이라든가 하는 경우다. 얼핏 보기에는 마치 인간 세상과는 어울리지 않는 듯 보이며 때로는 반골 기질이 물씬 풍기기도 한다.

하지만, 좀 더 파고들면 이들의 내면세계는 보통 사람들이 감히 상상하지 못하는 비범한 경지에 도달해 있는 경우가 많다. 특히 이러한 사람들이 자신의 인생에 놓인 장애물을 극복할 때 사회에 긍정적인 방식으로 균열을 야기하고 궁극적으로 세상에 도움이 되는 큰일을 할 수 있다.

애초에 적당히 등 따숩고 배부르게 살려거든 얼마든지 할 수 있는 능력의 소유자들이다. 하지만 그들이 굳이 고생길을 자처하는 이유는 진실에 대한 갈망과 자기 확신이 있기 때문이다. 큰 힘에 기대어 만족하고 사는 것이 비교적 편할 수는 있지만, 오리지널리티 성향이 강한 사람들은 이걸 못한다. 어떤 장애물이 놓여 있더라도 원하는 것을 추구하고자 오직 본인만의 길을 묵묵히 걸어간다. 어떤 선택이 자신을 큰 위험에 빠뜨릴 수도 있다는 것을 알면서도 더 높은 이상을 위해서라면 그 길을 가야지만 직성이 풀린다.

탁월함은 아픔의 근원인가, 롤링의 일생

역사상 가장 많은 돈을 번 작가라고 알려진 조앤 롤링은 1965년 영국 웨

우울한 지성인

일스의 작은 시골 마을에서 태어났다. 아버지 피터와 어머니 앤은 런던의 킹스 크로스 역에서 우연히 만나 연애를 시작했는데, 이 역이 나중에 해리 포터에서 중요한 장소로 등장하기도 한다. 부모님은 어린 조앤에게 매일 아동 문학책을 읽어주었다. 상상력이 뛰어났던 조앤은 6살 때 아픈 동생에게 토끼 이야기를 만들어 들려주었다. 이후에도 많은 이야기를 지어 친구들에게 들려주는 것을 좋아했다. 그리고 11살에 첫 단편 소설을 쓴 것은 파란만장한 삶의 신호탄이었다.

학창 시절 공부는 곧잘 하는 편이었으나 수업 시간을 대부분 공상으로 보냈다. 『반지의 제왕』을 너무 좋아해서 책 표지가 닳을 정도로 많이 읽었다. 대학에 진학할 시기가 되었을 때 영문학을 전공하고 싶었지만, 부모님은 좀 더 실용적인 공부를 권유했다. 나름대로 중간에서 타협한 것이 불어와 고전학이었다. 그러나 여전히 학교생활에 온전히 집중할 수 없었다. 샘솟아 오르는 상상력을 억제할 수가 없었기 때문이다. 대부분의 강의를 빼먹고 늘 카페에 앉아 소설을 썼다.

그나마 타고난 머리는 있었던 모양이다. 대학 졸업은 할 수 있었고 이후 국제 앰네스티에서 비정규직으로 근무하게 된다. 나중에 조앤이 그 시절을 회상하며 쓴 표현에 따르면 '지독한 공상 놀이'는 직장에서도 끊이지 않았고 결국 해고되고 만다. 이후 맨체스터 상공 회의소에서도 근무하는 등 여러 직장을 전전하지만, 여전히 꿈을 버리지 못하고 틈틈이 집필 활동을 한다. 이때 2권의 소설을 완성했지만, 출판사의 관심을 전혀 받지 못해 출간에는 성공하지 못한다.

1990년, 그녀는 런던에 거주하고 있었고 맨체스터에 사는 남자 친구를 보기 위해 주말마다 기차를 타고 두 도시를 왕복했다. 그러던 중 하루는 기차가 중간에서 고장 나 약 4시간 지연되었고, 지루함을 이기기 위해 어김없이 공상 놀이를 시작했다. 이때 불현듯 순진한 소년 해리와 마법 학교 등 해리포터의 기본 모티브와 스토리 라인이 머리를 스쳐 지나갔다. 당시 그녀는 이 아이디어가 매우 특별하다는 알 수 없는 확신과 환희의 감정을 느꼈다. 이후 해리포터 초고를 쓰기 시작하지만, 그것도 잠시, 병환에 시달리던 어머니가 사망하면서 한참을 우울과 허탈감에 빠진다.

포르투갈에서 영어 교사를 구한다는 광고를 보고 무작정 그곳으로 떠나고 여기서 첫 번째 남편 호르케 아란테스를 만난다. 당시 호르케는 언론을 전공하는 대학생이었다. 둘은 제인 오스틴이라는 작가를 좋아하는 공통점을 공유하며 급속도로 가까워진다. 결혼 후 1년 만에 딸 제시카를 얻지만, 이는 비극의 시작이었다. 그야말로 끔찍한 결혼 생활의 연속이었다. 의처증과 불안 증세가 심했던 남편은 그녀가 집에 돌아오면 매일 가방을 검사했다. 아내가 떠나는 것이 두려워 현관 열쇠도 주지 않을 정도로 지독한 통

우울한 지성인

제를 했다. 그뿐만 아니라 조앤이 글을 쓰면 남편은 이내 그녀의 원고를 숨겼다. 그래야만 도망가지 않을 것이라 여겼기 때문이다. 말다툼은 끊이지 않았다. 1993년, 조앤이 남편에게 폭력을 당한 이후 경찰의 도움을 받아 딸을 데리고 집을 나온다. 남편이 숨겨둔 해리포터 원고를 찾아서 몰래 빼내오는 것도 성공한다.

가정 폭력을 피해 딸과 함께 스코틀랜드로 이주한 조앤은 이때부터 지독한 가난과 우울증에 시달린다. 약 3년간 주당 10만 원 정도 정부 보조금과 간간이 주어지는 아르바이트로 삶을 연명했다. 렌트비를 낼 돈이 없어 친구가 대신 내주기도 했고 딸의 신발조차 사주지 못해 죄책감도 극에 달했다. 당시 매일 자살 충동에 시달렸지만, 딸을 보며 견뎌냈고 꿋꿋이 원고 작성을 이어 나갔다. 나중에 그녀가 성공한 뒤 하버드 대학 졸업식 연설에서 그 수년간의 고난을 이렇게 회상했다.

"나는 노숙자를 제외하고는 영국에서 가장 가난한 사람이었다. 일반적인 기준과 상식, 그리고 부모님의 눈에는 완전히 실패한 인생이었다. 암울함의 터널의 끝이 어딘지 알 수 없었다. (…) 시련을 겪고 나서야 현명함이 무엇인지 알게 되었다. 그 깨달음을 얻기 위해 혹독한 대가를 치렀다."

끈질기게 글을 쓰던 그녀는 1995년 12월, 결국『해리포터와 마법사의 돌』원고를 완성한다. 이전에 그녀가 썼던 소설들은 번번이 출간에 실패했었다. 이번만큼은 굳게 마음을 먹고 도전하지만, 여전히 12군데의 출판사에서 줄줄이 거절당한다. 이렇게 긴 글을 아이들이 어떻게 읽냐는 지적도 있었다. 약 1년간의 시간낭비 끝에 문을 두드린 곳이 '블룸즈버리'라는 영세한 출판사였다. 당시 편집자가 원고를 8살 딸에게 보여주었는데, 무섭게 빠져드는 모습을 보고 출간을 결정했다. 계약금은 약 230만 원 정도였다.

1997년 6월 26일, 우여곡절 끝에『해리포터와 마법사의 돌』이 출간된다. 출판사가 초판을 500권 찍은 것을 보면 애초에 아무런 기대를 하지 않았고, 그저 차고 넘치는 신인 작가들의 책 중 하나 정도로만 치부했다는 것이 여실히 보인다. 그러나 대반전이 일어난다. 날카로운 눈을 가진 몇몇 비평가들의 찬사를 받기 시작하면서 작품은 서서히 영국 전역의 뜨거운 관심을 받기 시작한다. 1998년, 책의 판권이 미국에 팔리면서 미국에서도 인기몰이하고 1999년 뉴욕타임스 베스트셀러 1위의 영예를 차지한다.

그 후 2007년까지 총 7편의 시리즈가 연이어 나오고, 결국 60개국에 책이 팔리게 되며 누적 판매량이 5억 부를 넘게 된다. 영화 및 부수적인 사업에서도 엄청난 성공을 거두게 되는데 결국 조앤은 2002년 영국 여성 최고 고소득자에 등극한다.

우울한 지성인

영세 출판사였던 블룸즈베리 또한 단박에 글로벌 메이저 출판사로 성장하며 편집장까지 수백억대 자산가가 되어버린다. 조앤이 세상에 미친 영향력은 단순히 재미있는 스토리를 제공한 것 이상이다. 갈수록 문해력이 저하되는 사회에서 책 읽는 문화를 잠시나마 재유행시킨 인물로도 평가받는다.

그녀는 강연할 때면 늘 젊은 시절의 지독한 우울증과 가난, 끊임없는 자살 충동이 전혀 부끄럽지 않다고 강조한다. 오히려 그 시련을 이겨 낸 사실이 자랑스럽고, 그 경험이 자신의 작품에서 어두움과 절망 등의 감정을 깊게 표현할 수 있었던 원동력이었다고 고백한다. 어떤 어려움에 직면하더라도 상상력과 창조성에 집중하는 사람들이야말로 청고한 정신을 가진 사람들이 아닐까.

천재는 괴롭다는 결론

한국의 시인 이상은 문법을 무시하거나 수학 기호를 포함하는 등 기존의 문학적 체계를 완전히 무시하고 자신만의 세계를 만들어 나간 인물이다. 누가 봐도 독특한 시를 썼던 그가 천재 시인의 대명사가 될 수 있었던 것은 이어령이라는 또 다른 천재의 혜안이 있었기에 가능했다. 평범한 사람들에게는 이상하게 보이는 독특함이 오직 엇비슷한 높이의 시선을 가진 사람에게만 탁월함으로 인식된 것이다. 지금도 대부분의 사람은 이상이 천재 시인이라고 교육받았을 뿐 그 생각의 깊이는 가늠하지 못한다.

물론 조앤 롤링도 오해받던 시절이 있었다. 직장 생활을 할 때 책상에 앉아 상상력 놀이에 빠져 노트에 낙서를 끄적이는 버릇이 있었다. 중요한 일을 놓치거나 실수가 잦아 해고당했다. 당시 그녀의 동료들 눈에는 나사가 반쯤 풀린 사람으로 보였을 것이다. 자기 본연의 개성을 잃지 않은 대가로 세속의 기준에서는 이상한 사람이라는 꼬리표를 달았다. 심리학자 가와이 하야오의 저서 『카를 융 인간의 이해』에 나오는 한 대목이 흥미롭다.

"지나치게 외향적이면 외부 세계가 차지하는 비중이 너무 많아져서 주체성을 잃고 감정유형의 최대의 매력인 개성이 사라져 버린다."

대강 직관적으로 해석하면 모든 인간이 사는 동안 끊임없이 주입된 관념에 적응하며 산다는 전제하에 삶의 중심이 외부 세계에 더 치중될수록 개성, 즉 자기 본연의 매력이 적은 인간이란 분석이다.

여기서 말하는 외부 세계의 영향력이란, 유행, 조직 논리, 정치관, 종교관, 사회 규범, 도덕관념 등 다양한 형태를 띨 수 있겠다. 조직이나 사회는 끊임없이 개인의 독창성을 억누르려고 하며, 사회가 고도화될수록 그 억누르는 힘이 적어진다기보다는 오히려 더 정교하고 교묘한 방식으로 진화한다. 가령 기업이나 학교만 보더라도 독창성과 창의성을 공식이나 되는 듯 외쳐대지만, 그 속을 파고들어 가 보면 예나 지금이나 그 답답한 조직 논리의 본질은 똑같다. 모두가 주류의 흐름에 부합해야 한다는 그 강박적 본질은 변하지 않고, 시대나 장소에 따라 트렌드만 변할 뿐이다.

당연히 타고난 독창성이 유독 강한 사람들은 그 큰 내면 에너지를 억누르기가 너무 힘들다. 그래서 분출하고 그 결과를 감당하든 아니면 끝까지 억눌러 결국 미치든 둘 중 하나를 택할 수밖에 없는 상황으로 내몰린다. 어느 쪽이든 간에 사회적 도태라는 벌을 피하기는 힘들다. 그 도태는 일시적일 수도 있고 때에 따라 영구할 수도 있다.

어떤 가치나 관념, 조직 논리 등을 맹목적으로 믿고 따르는 것은 쉬운 길이다. 힘을 가진 세력 안에 들어가서 보호받을 수 있는 길이며 크고 강한 조직일수록 그 보호막은 더 튼튼하다. 다만 이 경우 정신적으로 게을러짐은 피할 수 없다. 이에 반해 여러 가지 면을 세심히 살피고 그 안에서 진정성을 발견하려 노력하는 것은 참으로 고되고 외로운 길이다.

아인슈타인은 대학 재학 중 교수들을 불편하게 하는 날카로운 질문 공세로 미움을 한 몸에 받는 학생이었다. 소크라테스의 별명도 아테네의 잔소리꾼이었을 만큼 논쟁의 중심에 있었고, 갈릴레이도 논쟁꾼으로 찍혀 교수 재임용에 실패했었다. 가만히 눈을 감고 상상해 보자. 이 세상에 나만 어떤 것을 알고 나머지 사람들은 다 모르고 있다면 얼마나 답답할까? 그 답답함을 토로하면 보통 사람들에게는 자연스레 헛소리로 들린다면?

어떤 조직이나 사회에서건 정해진 룰이나 규범을 거부하면 배척될 위험이 있다. 사회는 본질적으로 집단적 기준에 순응하지 않는 인간을 불편하게 여기기 때문이다. 그래서 독자성이 강한 사람을 추방함으로써 누적된 화와 폭력성을 정화하려는 욕구가 가득하다. 심지어 다름을 외치며 본인들의 개성을 주장하는 사람들이 모인 단체조차도 누군가가 그 조직에 잘 융합되지 못하면 그 삐져나오는 싹을 잘라버리려는 욕구를 감추지 못한다.

만인에게 인성이 좋다는 소리를 들으려면 우선 세상이 만든 규율이나 관습, 틀과 간극이 좁을수록 유리하다. 하지만 그것을 철저히 잘 지키는 사람은 감히 생각지도 못한 혁신이나 진보를 끌어내지 못한다. 이런 본질적 딜레마를 깊이 고민해 본 극소수의 인간은 '당연한 것은 그저 당연한 것'이라고 생각하는 다수에게 손가락질 받으면서도 그들을 위한 등불 역할을 해야 하는 어려운 삶의 과제를 떠맡았다.

샤를 보들레르의 알바트로스, 장자의 붕새, 리처드 바크의 갈매기의 꿈, 안데르센의 미운 오리 새끼 등 이 서사들을 관통하는 결은 거의 일치한다. 결국 탁월한 정신과 높은 시선이 모가 난 것으로 오해받고 짓밟히는 인간 세상에서 고단한 삶을 살아온 정신적 천재들의 자기 투영이다. 탁월한 독창성의 대가는 혹독하며 지독한 고뇌와 사회적인 냉대도 받아들여야 한다. 당사자가 죽고 난 뒤 오랜 세월이 지나 그 오해가 풀릴 수도 있고, 혹은 죽어서조차도 인정받지 못하는 경우도 허다하다. 묵묵히 자신만의 길을 개척하려면 정신 나간 사람이라는 소리를 들을 각오를 단단히 해야만 한다. 독창적이라는 장점이 제멋대로인 것처럼 비치는 오해, 그래서 쇼펜하우어는 천재는 괴롭다고 결론지었다.

우울한 지성인

Chapter 5

그들이 정신적 고독을 느꼈던 이유

헤르만 헤세 (Hermann Hesse)

"나는 오직 나 자신에게서 우러나온 삶을 살고 싶었다. 그것이 왜 그리
어려웠을까?"

-헤르만 헤세

더 많이 배울수록 더 멍청해진다

세계적인 역사학자 유발 하라리가 구글이 주최한 포럼에서 한 강연을 들어보았다. 그는 현대 사회는 'Spirituality(영성)'가 그 어느 때보다 중요한 시기라고 강조한다. 한국을 대표하는 지성인 이어령 박사도 생전에 '인간 지성의 종착역은 영성'이라고 단언한 적이 있다. 단순한 우연의 일치일까? 한참 과거로 가더라도 크게 다르지 않다. 공자에게도 진정한 공부란 얼마나 더 많이 아는가가 아니라 정신 수양이 본질이었다. 과거에는 '영성'이란 딱 맞아떨어지는 표현이 없었을 뿐 사실상 그 궤는 같다.

하지만 현실은 어떤가? 주류의 기본 틀은 지식의 외적 증명 그 자체가 목적이다. 가령 얼마나 더 빨리 푸는가, 얼마나 더 정답을 맞히는가, 얼마나 더 많이 외우는가 등 지성을 가늠하는 척도 자체가 수준이 낮다. 대부분의 경우 '지식'과 '지성'의 크나큰 차이를 인식조차 하지 못한다. 그래서 러시아의 대문호 톨스토이는 이렇게 못을 박았다.

"나는 사람이 더 많이 배울수록 더 멍청해진다고 확신한다."

이런 말이 나왔다는 것은 인간 사회를 바라보며 문제 인식을 충분히 했다는 방증이다. 철학자 니체 또한 초인이라고 번역되는 '위버멘쉬(Ubermensch)'에 대비되는 낮은 지성의 유형으로 '레츠테 멘쉬(Letzter Mensch)'라는 개념을 들었는데 이는 자기 극복의 의지가 없는 속물 엘리트나 표층적인 수준의 교양을 뜻한다. 이처럼 높은 수준의 앎을 경험한 지성인들은 하나같이 지식의 궁극적 목적이 정신의 고양에 있다고 입을 모은다. 필자의 개인적인 의견도 그와 같다. 높은 정신 수준이야말로 궁극의 인간 지성이며 인공지능이 넘보지 못하는 유일한 영역이라 단언할 수 있다.

일반적으로 영성이란 단어가 특정 종교와 깊이 연관되어 쓰이고 있다. 하지만 일반적인 오해와는 달리 '영성 지능'은 본질적으로 종교나 미신, 무속신앙 등과는 유의미한 연관성이 없다. 굳이 비교하자면 심리학 용어인 메타인지와 매우 유사한 개념이다. 메타인지란 상위인지 또는 초인지라고 불리기도 하는데 한마디로 자신의 사고 과정을 제3의 눈으로 바라볼 수 있는 능력이다. 실존적 고민을 깊고 진지하게 해본 인간이라면 누구나 그 세계에 눈을 뜰 수 있다.

조금 더 직관적으로 말하자면 영혼의 지능이다. 본디 심리학(psycholo-gy)

이라는 학문 자체도 그 어원을 살펴보면 인간의 영혼을 뜻하는 'psyche'가 출발점이다. 인간의 영혼을 탐구하는 학문이라는 뜻이다. 누군가에게는 이런 표현이 비과학적인 신비주의처럼 다가올 수도 있을 것이다. 하지만 이 책은 인간에 관한 깊은 통찰을 담고 있을 뿐 신비주의와는 거리가 있다. 영국의 철학자 로저 스크루턴의 저서『인간의 본질』의 한 대목을 보면 세상이 사실상 영혼을 말하고 있으면서도 정작 그 특정 단어를 사용하는 것만 기피하는 모순을 예리하게 통찰한다.

"오늘날 우리는 종교적 함의를 피하고자 '영혼' 대신 '자아'라는 단어를 사용합니다. 하지만 이는 본질적으로 같은 것의 다른 표현일 뿐입니다."

기계론적 세계관을 기반으로 한 이성적 논리의 강한 영향권 안에 있는 세상이기에 '그 단어'를 사용하는 순간 비이성적이라는 주홍 글씨가 새겨진다. 하지만 아버지를 아버지라 부르지 못할 뿐, 사실상 우리는 모두 그 개념을 이미 뼛속 깊이 받아들이고 있다.

대부분의 사람은 일생 동안 잘 교육받은 대로 일상의 감각에 부합하는 것만을 사실로 받아들이기에 고차원적 인식은 익숙지 않다. 하지만 아무리 과학과 이성이 우리의 눈을 가리는 훈련을 받아왔어도 인간이 기본적으로 직감, 육감, 영감을 가진 영적인 동물이라는 것은 절대로 부정할 수 없다. 단순한 감각을 넘어 고차원적 사유를 할 수 있는 능력이 인간에게 주어졌다는 것은 참된 지성이 무엇인가를 보여주는 지표나 다름없다.

어쩌면 부처의 환생이었을지도 모를 작가, 헤세의 일생

헤르만 헤세는 스스로를 학식이 풍부한 사람이라기보다 진리를 찾는 구도자라고 말했던 작가다. 한국에서는 『데미안』이라는 소설의 저자로 널리 알려져 있으며 그의 많은 작품들은 영적 성장 과정을 묘사하고 있다. 헤세는 1877년 독일 칼브에서 태어났다. 선교사인 부친 요하네스 헤세와 모친 마리 군데르트 사이에서 난 장남이었다. 어릴 때부터 탁월한 언어적 재능을 보였다. 4살 때 그의 어머니가 "이 아이는 내가 감당할 수 없을 정도의 지력과 의지를 가지고 있다."라고 말할 정도였으니 그야말로 하늘이 내린 천재였다. 10살 때부터 동화를 쓰기 시작했을 정도로 본인의 문학적 재능도 일찍이 깨달았다.

하지만 자유로운 영혼을 지닌 천재들의 인생이 어디 평탄한 적이 있던가? 그는 학교라는 조직과는 천성적으로 맞지 않았다. 자의식이 매우 강하다 보니 성격이 까칠했고, 속박된 학교생활을 매우 싫어했다. "시인이 아니면 아무것도 되지 않겠다."라고 선언하며 학교에서 도망쳐 나오기도 했고 15살에 자살 기도를 했다. 자살 실패 후 슈테텐에 있는 정신병원에 입원하여 4개월간 치료를 받았고 이때 '심각한 우울증'이라고 진단받았다. 치료 후 칸슈타트 김나지움에 입학을 했지만, 얼마 못 가서 완전히 학업을 중단했다.

이후 아버지 서재에 있던 고서적과 문학 작품을 읽으며 독학했다. 서점 점원이나 시계 공장 수리공 등의 일을 하며 작가로서의 꿈을 키워갔다. 특히 서점에서 일을 할 당시에는 업무가 끝나면 책 읽기에만 몰두했다. 그가 유명해진 것은 26세의 나이에 소설 『페터 카멘친트』를 발표하면서 부터였다. 어느 정도 작가로 명성을 얻고 난 뒤 피아니스트 마리아 베르누이와 결혼했다. 세 아들도 얻었고 시인 겸 작가로서 지속적인 집필활동을 이어 나갔다.

잠시 안정적인 생활을 하나 싶었지만 운명은 그를 가만히 내버려두지 않았다. 헤세는 불교나 동양철학에 관심이 많아 인도를 여행하는 등 끊임없는 영적 탐구를 하던 구도자였다. 그런 그가 당시 히틀러의 폭정과 야망 그리고 독일 극우파의 광적인 애국주의에 반대했을 것은 당연하다. 전쟁 반대론자로서 목소리를 높인 그는 조국 독일에서 배신자, 매국노라는 비판을 받았으며 심지어 모든 저서가 출판금지를 당했다.

부친이 사망하고 한동안 아내도 조현병으로 고생하는 등 나쁜 일이 줄줄이 겹친다. 결국 자신도 창작 활동이 불가능할 정도의 심한 우울증에 빠진다. 이때 정신 분석학의 대가 칼 융을 만나게 되고 그의 제자 요제프 랑 박사에게 약 40회 정도의 정신 분석 치료를 받게 된다. 당시 치료 내용 중 가장 중요한 부분은 매일 꿈 일기를 쓰는 것이었고, 이 과정이 자기성찰과 정신적 탐구를 반영한 작품 『데미안』의 개요를 잡는데 많은 영감을 주게 된다.

소설의 등장인물은 칼 융의 정신 모델을 기반으로 하며, 소설 속 모든 사건은 사실상 영혼의 영역에서 일어나는 일의 비유다. 선과 악의 통합, 즉 양극성이 하나가 되는 상징성이나 절대적인 진리란 없다는 영적 세계관이 잘 드러난다. 이 작품에서의 주요 키워드는 단연 '아브락사스'다. 자기 내면의 소리에 귀를 기울이고 진정한 자아를 발견해야 만날 수 있는 완성체의 영역이라는 뜻이다. 『데미안』은 큰 인기를 얻었고 지금도 전 세계적으로 널리 읽히는 책이다. 헤세 자신의 실존적 위기를 통해 걸작을 탄생시킨 셈이다.

이후 발표된 소설 『싯다르타』는 불교와 도가 사상의 색채가 강하다. 제목에서 짐작할 수 있듯 불교의 창시자 석가의 인생을 기반으로 하여 약간의 픽션 요소를 가미한 소설이다. 헤세는 개인의 내면 성장과 자아실현을 중시했고 자유의 가치를 강조했다. 작품을 통해 정신적 고뇌의 이유와 인생의 의미를 탐구하고 독자에게 깊은 생각을 하도록 유도한다. 결국 그 공로를 인정받아 1946년, 노벨 문학상을 수상한다.

우울한 지성인

현대 사회에서는 당장 눈에 보이고 오감으로 느낄 수 있으며, 과학적으로 증명된 것들에만 중요성을 부여하는 삶을 산다. 하지만 고도의 지성을 가진 소수의 인간은 우리의 인생에 가장 큰 영향을 미치는 힘이 사실 우리의 오감으로 느낄 수 없는 것들이라는 점을 자연스럽게 알아간다. 물질세계 넘어 무언가가 있다는 것을 온전히 자각하고 있는 그대로 받아들인다. 진정한 진리를 추구하는 사람들을 살펴보면 그들의 사고 메커니즘에서 모종의 유사성이 있다는 것을 어렵지 않게 발견할 수 있다.

그들이 혼자라고 느끼는 이유

가나자와 사토시 교수의 저서 『지능의 역설』에서는 IQ라는 개념 자체가 우리 사회에 얼마나 큰 생각의 오류를 가져다주었는지를 지적한다. 애초에 프랑스 심리학자가 정신지체아를 가려내기 위해 고안한 개념인데 시간이 지나 미국 스탠퍼드 대학에서 영재 판별용으로 발전되었다. 어쩌다 보니 지능지수라는 개념이 인간 지능을 마치 서열화할 수 있다는 개념으로 완전히 왜곡되어 널리 퍼졌다. 인간의 지성을 이루는 많은 요소 중 일부 측면이 비율에 어긋나게 강조된 셈이다. 그 결과 셀 수 없이 많은 잘못된 사회 관습과 오해를 낳았다.

그뿐만 아니라 경험적인 분석을 통해 지식체계를 구축하는 것만이 정답이라고 믿는 어리석음도 더욱 굳건해졌다. 가령 어떤 이는 무조건 눈으로 보이거나 과학으로 증명된 것만 믿는다고 당당하게 무지함을 드러낸다. (그러면서 좋은 꿈을 꾸면 복권은 사러 가기도 한다.) 이러한 마인드는 엄밀히 따지면 무지가 이성으로 둔갑하는 매우 편리한 사고방식에 불과하다.

산업화 시대에는 지능지수인 IQ가 인간 지능을 서열화하는 주요 척도로서의 작용하였다. 어느 정도 문명화가 이루어진 뒤에는 감성지수인 EQ가 대세였다. 그러나 앞서 언급했듯 깨어난 소수의 지성인은 인간의 영적 지능을 나타내는영성 지능, 즉 SQ(Spiritual Intelligence/Quotient)가 시대의 화두가 될 것으로 전망한다. 이 개념은 1997년 영국인 작가 다나 조하가 저서 『Rewiring the corporate brain』에 처음 소개한 뒤, 세계적인 교육학자 하워드 가드너가 차용하면서 미국, 영국, 호주, 캐나다의 심리학자들 사이에서 널리 쓰이게 되었다. 이 수치가 높은 사람은 세상을 보다 큰 그림으로 바라볼 수 있고 높은 수준의 상상력과 창의력이 깨어나게 된다는 것이 핵심이다.

일반적으로 영성에 눈을 뜨기 시작하면 자신의 존재 이유와 사회, 나아가 인류애적인 고민을 시작한다. 이는 예술, 문학, 기술, 과학, 철학 등 모든 분야를 막론하고 천재성을 드러내는 촉진제가 된다. 이전에 모르던 많은 것을 깨닫게 되는 것은 물론이고 내면에 감추어져 있던 탁월함이 발현될 절호의 기회임은 분명하다.

하지만 분명히 부작용도 있다. 세상 속에 내가 '혼자'라는 극도의 외로움을 경험할 확률이 높다. 결국 혼자 왔다가 혼자 가는 것이 인생이라는 말의 의미를 뼈저리게 느끼기도 한다. 외롭기 때문에 타인과의 관계를 강렬히 원하지만, 너무나 큰 차이를 경험하기에 그것이 쉽지 않다는 역설적 상황을 반복적으로 경험한다. 한 가지 관련 사례를 들어볼 수 있다. 이어령 박사가 돌아가시기 전 김지수 기자와의 인터뷰에서 평생 외로웠다고 회고한 적이 있다. 이에 기자는 충분히 영광을 누리고 많은 사람들에 둘러싸여 사셨는데 어디서 오는 외로움인지 이해가 잘 가지 않는다고 의아해했다.

그것은 세속적인 개념에 물든 가슴으로 이해할 수 있는 영역이 아니기에 그렇다. 독일의 철학자 에리히 프롬은 육체적 고독과 정신적 고독을 분리했다. 주변에 아무리 많은 사람이 있더라도 이해받지 못할 때 완전한 고독을 느끼는데 이러한 결핍감을 정신적 고독이라 한다. 아무리 주변을 둘러봐도 생각의 단수가 자신과 비슷한 인간이 없다는 것을 깨달을 때 정신적 천재들은 고독하다. 단순히 지식적 측면에서 똑똑한 인간은 세상에 많지만, 진정한 의미에서의 대화를 나눌 만한 사람은 없다. 그래서 공자도 군자는 스스로 깨달아야 하는 운명이기에 필연적으로 외롭다고 했다.

헤르만 헤세나 이어령 같은 유형의 인물이 평생 시달렸던 고독의 근원도 그것이었으며, 이 부분이 높은 영성 지능의 부작용이라면 부작용이다. 특

히 헤세는 소설『싯다르타』에서 석가의 삶을 이야기하며 자신의 속 깊은 고
뇌와 외로움을 투영하기도 했다.

"어느 누구도 그만큼 외로운 사람은 없었다. 귀족은 귀족과 어울리
고, 직공은 직공과 어울린다. 그렇지만 싯다르타 그는 어디에 속해
있을까?"

Chapter 6

내면의 그림자를 비추는 눈물의 거울

칼 구스타프 융 (Carl Gustav Jung)

"나는 누구도 들으려고 하지 않는 것을 말해야만 했다. 나는 사람들이
싫어하리라는 것을 알고 있었다."

-칼 구스타프 융

마지 심슨의 비행공포증

만화 〈심슨 가족〉은 얼핏 가벼워 보이지만, 조금 날카롭게 보면 깊은 은유나 진지한 고찰이 많이 담겨 있다. 프로그램에 담긴 철학과 대중문화 효과를 분석한 『심슨 가족과 철학』이라는 책까지 있을 정도이니 그저 가벼운 웃음만을 추구하는 콘텐츠가 아니다. 일례로 어머니 역의 캐릭터 '마지 심슨'이 비행기 안에서 느끼는 심한 불안 증세 때문에 정신과 의사를 찾아 상담하는 장면이 있다. 혹시 있을지 모르는 어릴 적 트라우마를 추적하던 의사는 결국 그 원인을 잡아내는데 그 내용이 흥미롭다.

마지는 어릴 적 아버지의 직업이 비행기 조종사라고 교육받았고 이를 굳게 믿고 있었다. 하지만, 어느 날 비행기 안에서 앞치마를 두르고 서빙하는 아버지의 모습을 보고 충격을 받게 된다. 아버지가 조종사가 아니라는 것을 깨닫고 설명하기 힘든 굴욕감과 배신감이 마음 깊숙이 자리 잡았다. 결국 성인이 되어서도 비행기라는 대상 자체에 무의식적 거부 반응이 일어났다. 해당 경험을 까마득히 잊고 있었던 마지는 전문가와 심층 상담을 하는 도중에 문득 그 장면을 떠올린다. 결국 자신이 부모가 된 현재의 입장에서 상황을 재해석함으로써 자연스레 그 트라우마를 치료하게 된다.

사람의 근원적 감정이나 동기를 파악하기란 쉬운 일이 아니다. 본인의 마음조차도 그렇다. 특히 겉으로 드러나는 감정이 아닌 수면 아래 있는 마음을 읽어내기란 좀처럼 쉽지 않다. 우리가 일상에서 쉽게 접할 수 있는 예들도 많다. 가령 상대방에게서 보이는 교만을 매우 싫어하는 사람의 경우, 이 또한 깊은 곳으로 들어가면 자신 내면에 있는 교만의 감정이 크게 억눌린 경우가 많다. 혹은 겉으로는 화가 난 것처럼 보이지만, 그 심층의 동기는 두려움이나 수치심 등 다른 감정인 경우도 매우 흔하다. 그리고 그 뿌리가 어린 시절의 트라우마와 직접적으로 맞닿아 있다고 해도 놀랄 일이 아니다.

다만 그 감정들이 제대로 표출되지 못하고 내면 한구석에 강하게 억눌려 있다는 사실을 알아차리는 것은 결코 쉬운 일이 아니다. 본인의 심층 심리를 이해하기 위해서는 상당한 수준의 내적 성찰과 다양한 공부(단순히 심리학만이 아닌)가 필요하기 때문이다.

진리와 진실을 파고들었던 학자, 융의 일생
칼 구스타프 융은 분석심리학의 창시자이며 특히 한국에서 유행하는

MBTI도 칼 융의 심리 유형론에 기반하여 개발되었다. 1875년 스위스 케스빌에서 태어났다. 할아버지는 바젤대학교 의과대학장, 외할아버지는 바젤대학의 히브리어 교수였다. 교육 수준이 매우 높은 집안이었고 6살 때부터 라틴어를 배우면서 오래된 언어와 문학에 대한 관심이 시작되었다.

융은 상상력이 매우 뛰어나 신기한 꿈을 유달리 많이 꾸는 소년이었다. 그의 어머니가 심한 우울증 때문에 요양원에 자주 드나들었기에 혼자 있는 시간이 많았다. 간혹 영적 체험을 하기도 했다. 역시 매우 예민한 기질의 소유자였으며, 당연히 학교생활과는 맞지 않았다. 아프다는 핑계로 6개월 간 등교하지 않기도 했다. 1959년, 그가 83세의 나이에 BBC 방송과 인터뷰를 한 영상이 유튜브에도 공개되어 있는데, 해당 자료를 보면 이런 대목이 나온다.

진행자 : "처음으로 '온전한 나 자신'이라는 자각을 한 경험이 언제입니까?"

칼 융 : "11학년 때입니다. 학교 가는 도중 안개 속을 걷다가 나 자신과 다른 것들을 분간할 수 없고 내가 큰 우주와 일치한다는 강한 경험을 했습니다. 이때 I am what I am(*내가 나 된 것: 성경 고린도 전서, 사도 바울의 고백에 등장하는 표현이다.)이라는 느낌을 체험했습니다."

이 대화에서 바로 알 수 있듯, 이미 학창 시절부터 범상치 않은 인물이었다. 그리고 대학에 진학한 뒤, 당시만 하더라도 미개척 분야였던 정신의학을 전공으로 선택한다. 그 이유는 본인이 관심이 있는 자연과 정신, 두 가지 영역의 융합이 가능할지도 모른다는 희망을 품었기 때문이었다.

대학 졸업 후 취리히 의과대학 부설 정신병원에 들어가 보조 의사 겸 연구원으로 일하게 된다. '사람 마음속의 서로 다른 구조를 가진 힘'을 뜻하는 독일어 '콤플렉스'를 본격적으로 심리학의 맥락으로 가지고 들어온 것도 당시의 칼 융이 한 일이다. MBTI, 콤플렉스 등의 개념은 물론이고 자아실현이라는 맥락에서 그의 이론은 현대 사회의 수많은 자기 계발서의 근간이 되고 있다. 그의 생각이 지금의 우리들에게도 얼마나 직접적이고 큰 영향력을 미치고 있는지 알 수 있는 대목이다.

융은 정신분석학의 아버지라 불리는 지그문트 프로이트의 이론을 접한 뒤 그를 존경하게 된다. 둘은 1907년 빈에서 처음 만난다. 첫 만남에서 서로의 특별함을 알아본 것일까, 13시간가량 장시간 토론을 나눈 둘의 관계는 급속도로 가까워졌고 지속해서 편지를 주고받는다. 자연스레 프로이트는 융을 후계자로 점찍게 된다. 하지만 이 또한 오래가지 않는다. 시간이 지남에 따라 융도 자신만의 정신 분석 이론 기반을 다지기 시작하며 둘 사이에 의견 대립이 생기기 시작한다.

융은 원형, 연금술, 동양 철학, 신화, 종교 등 다양한 형이상학적 개념을 정신 분석학과 융합하려고 시도했다. 하지만 이는 정신 분석을 최대한 과학적, 이성적 학문의 영역으로 발전시키고자 한 프로이트에게 받아들일 수 없는 부분이었다. 그뿐만 아니라 리비도나 집단 무의식 등 잔가지가 아닌 매우 본질적인 부분에서 의견이 엇갈렸다. 융은 프로이트가 지나치게 권위적이라고 불만을 가지게 된다. 칼 융이 노년기에 BBC 방송과 했던 인터뷰에도 "프로이트는 자신이 틀릴 수도 있다는 사실을 절대로 인정하지 않는 고집스러운 인물이었다."라고 회상하는 장면이 있다.

결국 융은 프로이트와 결별을 선언하고 자신의 연구에 '분석심리학'이라는 명칭을 쓰기 시작한다. 취리히 의과대학을 사임했고, 얼마 지나지 않아 국제정신분석학회도 탈퇴하기에 이른다. 그의 지적 반항 기질이 완전히 모습을 드러내면서 자연스레 고립되었지만, 오히려 인간 무의식에 대해 깊고 독자적인 연구가 본격적으로 시작된 계기다. 혼자였기에 다른 사람들의 눈치를 볼 필요가 없었다. 신화나 연금술, 미신, 심지어 동양의 주역 등 비과학적이라고 폄하되었던 모든 것들도 총체적으로 분석하여 인간의 정신세계를 누구보다 깊게 파고들었다.

학문적 체계보다는 진리와 진실을 원했고 그 길은 당연히 외로웠다. 융은 이렇게 회고했다.

"나는 누구도 들으려고 하지 않는 것을 말해야만 했다. 나는 사람들이 싫어하리라는 것을 알고 있었다."

묵묵히 자신만의 길을 걸으며 이후 수많은 제자를 양성한 그는 말년에 널리 존경받게 된다. 80번째 생일을 맞을 때는 취리히에서 큰 축제가 열릴 정도였다.

내면을 비추는 눈물의 거울

융은 '개성화'라는 개념을 통해 내면의 어두운 면인 그림자를 이해하고 용기 있게 대면해야 한다고 주장했다. 진정한 자기 자신과 화해하고 통합하도록 이끌어야 하는 것이 인간의 본질적인 과제로 보았다. 이렇게 의식과 무의식이 조화와 균형을 이루며 통합되는 과정에서 정신적인 발전이 있다고 통찰했다.

대부분의 사람은 어두운 내면세계를 들키지 않기 위해 안간힘을 쓰며 살고 있다. 사회적 지위를 유지하기 위해, 원만한 인간관계를 위해, 가진 것을 잃지 않기 위해 또는 튀는 사람이라는 소리를 듣지 않기 위해 등 그 동기는 다양하다. 하지만 우리의 무의식에는 자신도 모르는 많은 것들이 자리 잡고 있다. 진지한 태도로 깊이 캐내어 보지 않고서는 절대로 알 수 없는 것들도 많다.

물론 진실을 마주하는 것은 두렵다. 그렇기에 이를 직시하고 받아들이는 것보다 회피하고 왜곡하는 방법으로 살아가는 것이 더 편하다. 하지만 심리학을 조금이라도 접한 사람이라면 잘 알겠지만, 억눌린 감정을 가만히 내버려두면 좀처럼 그냥 없어지지 않는다. 어떤 형태로든 그 그림자가 일생 동안 외부 세계에 구현되며 이는 대부분 인생의 장애물로 여겨지는 것들이다. 그래서 내면 성찰이 중요하다. 진지한 본인 성찰이야말로 내면을 비추는 눈물의 거울이며 이를 통해서 표면 의식과 무의식의 간극이 줄어든다. 궁극적으로 사람의 순도가 높아지고 무지의 상태에서 앎의 상태로 전환된다. 그리고 무엇보다 중요한 것은 진정한 의미에서의 '자유'가 무엇인지도 알 수 있다.

현대 사회는 정신없이 바쁘게 사는 것이 미덕이니 본인의 내면을 깊이 들여다볼 기회가 더더욱 없다. 삶의 속도를 확 줄여버리면 훨씬 유리하지만, 이 또한 사회 관계적으로 책임지고 있는 것이 많다면 현실적으로 어렵다. 내면 깊은 곳의 불안이나 결핍 등 표면적 동기가 아닌 내적 동기를 찾아내기란 그만큼 어렵다. 로마제국의 황제이자 동시에 철학자이기도 했던 마르쿠스 아우렐리우스의 『명상록』에 나오는 한 대목이 눈길을 끈다.

"다른 사람이 무슨 생각을 하고 있는가에 대해 무관심하다고 해서 불행해지지는 않는다. 그러나 자신의 마음속 움직임에 주의를 기울이지 않는 사람은 반드시 불행해진다."

분석심리학이란 개념이 없던 시절이었지만, 오로지 개인의 통찰만으로 내면 성찰과 정화의 개념을 얼추 파악했음이 엿보인다. 가령 콤플렉스라는 개념을 예로 들어보자. 대부분의 사람은 세상 속에서 끊임없이 타인과 비교하며 나를 인식하는 세계관에 물들어 살아간다. 알 수 없는 벽과 한계를 느끼며 살아가지만, 그것을 모두 표출하면서 살기는 힘들다. 그 미묘한 은폐된 감정이 외부 세계로 표출될 길이 막히면 자신의 자아로 그 화살을 돌리기도 한다. 이렇게 시작된 자기 비하와 수치심 등의 부정적 감정은 삐뚤어진 세계관에 힘을 싣는다.

칼 융은 정신적 고통의 근원이 의식과 무의식 간의 소통이 단절된 것이라 보았다. 이를 근원적으로 극복하는 방법은 어두움에 빛을 비추어 자아(Ego)에서 참나(Self)로 심리의 구심점을 옮겨가는 것이라고 통찰했다.

"The sole purpose of human existence is to kindle a light in the darkness of mere being. (인간 존재의 유일한 목적은 존재의 어둠에 빛을 밝히는 것이다.)"

인간의 내면 깊숙한 곳에 내재한 '본래적 존재'를 자각하고 다시 태어나는 과정을 의미한다. 불교의 창시자 석가를 예로 들어보자. 그는 어릴 적부터 겪었던 극심한 우울증과 실존적 고민 등을 발판 삼아 존재의 어둠을 빛으로 바꾸는 방법을 터득했던 인물이다. 동양의 불교와 서양의 분석심리학에서 상당한 유사점이 발견되는 이유도 여기에 있다. 불교가 깊은 내면 탐구를 통해 궁극적으로 자아로부터 해방되어 초연함을 유지하는 방법을 깨달은(견성) 인물에 의해 창시되었기 때문이다.

햇빛에 가려진 구름을 상상하면 이해가 쉽다. 빛은 원래 있는 것이며 잔뜩 낀 구름이 이를 덮고 있을 뿐이다. 어둠에 내 신성이 가려져 있었다는 것을 자각하여 주관적 해석이 최소화되고 진짜 현실을 경험할 가능성이 커진다. 이때 자기혐오(self-loathing)의 사이클은 무너지고 진정한 자기애(self-love)가 생길 수 있다.

물론 말이 쉽지 결코 아무나 할 수 있는 작업이 아니다. 보통의 우리들은 불편한 진실을 애써 외면하는 트레이닝(사회화)을 철저하게 받아온 존재들이기에 그 개념조차 잡지 못한다. 오직 용기 있는 모험가들만이 더 깊은 내면을 탐험함으로써 그림자를 직접 마주한다. 이는 미지의 세계, 즉 심층을 건드리는 일이기에 엄청난 고뇌와 시행착오가 필연적으로 동반되는 여정이기도 하며 어느 순간 사회와 완전히 동떨어진 자신을 발견하기도 한다.

성찰이 제대로 이루어진다는 것은 나의 근원이 통째로 흔들리는 느낌을 받고, 그것을 인정하고 나아가 수정하려는 노력의 과정을 겪는 것이다. 오직 이런 고통스러운 과정을 통해서만이 무의식이 작동하는 기저를 가슴으로 이해하고 무지함의 상태에서 앎의 상태로 나아갈 수 있다. 그리고 스스로를 세상의 질서 바깥에 위치시켜 모든 일련의 사건을 조망하는 관점도 생긴다.

Chapter 7

오리 세상에 사는 백조의 교만 그리고 외로움

프리드리히 니체 (Friedrich Wilhelm Nietzsche)

"춤추는 별을 잉태하려면 반드시 스스로의 내면에 혼돈을 지녀야 한다."

－프리드리히 니체

오리들의 세상에 사는 백조

오리들이 사는 세상에 하늘이 백조 한 마리를 내려준다면 그 백조는 외로울 것이다. 아마 그것이 프리드리히 니체가 일평생을 살면서 느낀 감정이지 않았을까 싶다. 하지만 그는 성현(聖賢)의 반열에는 오르지 못했다. 뭐랄까, 타인을 감싸고 포용하려는 자세보다는 너희들은 왜 나처럼 백조가 못되냐고 타박한 인물이었다는 느낌이다. 영민함과 예술적 섬세함을 잔뜩 끌어안은 천재 사상가이긴 했으나 위대한 성인군자로 기억되기에는 부족한 면이 있었던 인물이었다.

니체는 지혜의 삶을 추구했지만, 그 길을 걷는 많은 이들이 그러하듯 돌이킬 수 없는 교만의 강을 건너고 말았다. 그가 남긴 책들을 조금만 읽어봐도 자신의 신념에 대한 자부심을 넘어 아상이 극도에 달했던 인물이었다는 점을 한눈에 볼 수 있다. 『도덕의 계보, 이 사람을 보라』의 경우 서문만 읽어봐도 그러한 기운이 스며든다.

"이 책은 수천 년 동안 퍼져나갈 목소리를 지녔고 현존하는 모든 책들 중 최고의 책이며 진정 드높은 공기를 지닌 책이다."

주저 『차라투스트라는 이렇게 말했다』의 경우도 "인류에게 주어진 가장 큰 선물"이라 자평한 것을 보면 추측건대 그는 본인이 집필한 책들이 성경이나 불경보다도 더 깊고 심오한 진리를 담고 있다고 여겼을 것이다. 하지만, 기독교나 불교의 핵심 사상에서 모든 것을 제하고 나면 결국 사랑과 자비라는 두 단어로 귀결되는 것에 비추어 볼 때 니체가 어떤 부분을 간과했는지 생각해 보지 않을 수 없다.

니체의 사상이 히틀러의 나치에 악용되었다는 것은 잘 알려진 사실이지만, 그 사상 안에 담긴 '뜨거움'을 보고 있자면 어느 정도 오해의 빌미를 제공했다는 점만큼은 부정할 수 없다. 본질적으로 강한 인화성을 내포하고 있으니 말이다. 그래서 그의 사상은 뜨겁게 한번 살아보고자 하는 사람들에게는 큰 용기가 되는 반면, 위험하다는 평가도 받는다.

근대 이후에 들어와 철학이나 문학 또는 예술은 창작자의 의도만이 중요한 것이 아니라 독자나 감상자의 해석이 중심이 되어 각자만의 방식으로 맥락화 하는 것이라는 생각이 대세로 자리 잡았다. 하지만, 이러한 관점은 조금 위험할 수 있다. 우리 사회는 무지함을 기반으로 한 제멋대로 식 해석들이 사회에 얼마나 큰 악영향을 초래하는지 너무나도 많이 목도했다. 그래서 창작자가 어떤 환경에 놓여 있었고 과연 어떤 생각을 했을까를 먼저 유추해 보고자 노력하는 것이 매우 중요하다.

유럽 사회의 정신병을 진단했던 사상가, 니체의 일생

프리드리히 니체는 1844년 독일 뢰켄에서 루터교 목사였던 아버지 카를 루트비히 니체와 어머니 프란치스카 욀러의 아들로 태어났다. 5세 때 아버지가 뇌졸중으로 돌아가시고, 얼마 뒤 남동생 요제프도 사망했다. 이후 어머니, 여동생과 함께 할머니 집에서 얹혀살았다. 엄격한 기독교식 교육을 받으며 자랐고 문학과 음악에 천재적인 재능을 보였다. 6살 때 학교에 들어갔는데 지나치게 조숙했던 니체는 또래 아이들과 어울리지 못했다.

일곱 살 때 이미 어떤 인간의 말도 자신의 귀에 와닿지 않는다는 것을 깨달았다고 회상했을 정도였다. 그야말로 '인생 2회차'라는 표현이 딱 들어맞는 인간이었을까. 이미 학생 때부터 지식을 추구하기보다는 지혜를 추구했다고 한 것을 보면 정신적 귀족의 피가 끓었던 인물이었음은 틀림없다.

14살이 되던 해에 당시 독일 연방에서 가장 유서 깊은 학교였던 슐포르타에 입학했다. 이때까지만 하더라도 약간의 반항아 기질은 있었지만, 그 모습이 크게 드러나지는 않았다. 레지멘테이션(regimentation)이 심한 기숙학교에서도 우수한 성적을 유지하며 나름대로 적응을 잘하는 편이었다. 당시만 하더라도 훗날 그가 서양 지성의 역사에서 저항 정신과 망치를 상징하는 인물이 될 것이라고 누가 예상을 했었을까.

그의 파격적인 삶은 대학 시절부터 시작되었다. 어머니의 바람대로 고전 문학과 신학을 전공했으나 다비트 슈트라우스가 쓴 『예수의 생애』라는 책을 읽은 뒤 기독교에 의구심을 품기 시작했다. 그러다 헌 책방에서 우연히 발견한 쇼펜하우어의 『의지와 표상으로서의 세계』를 읽고 본격적으로 철학에 매료된다. 이후 일체의 관습과 권위는 물론 기존의 도덕적 가치를 가차 없이 공격하며 독창적인 아이디어를 그려나간다.

그런 그에게 파격적인 제안이 온다. 스승인 리츨 교수가 스위스 소재의 바젤 대학교 문헌학 교수 자리를 추천해 준 것이다. 당시 니체는 24세의 학생이었고 학위도 없었다. 리츨 교수는 40여 년간 학생들을 가르치며 이토록 뛰어난 천재를 본 적이 없다며 니체를 강력히 추천했다. 결국 바젤 대학도 그 제안을 받아들였다.

니체는 자신이 고도의 통찰력과 선견지명을 가졌다는 것을 잘 인식하고 있었으며, 스스로 유럽 사회의 정신적 병증을 진단하고 치료하는 의사라고 인식했다. 이는 근대 중국 문학을 대표하는 작가 루쉰이 젊은 시절 본인의 조국을 바라보던 시선과 유사하다. 니체는 독자적인 생각이 없는 대중을 매우 우매한 집단으로 보았다. 한쪽 능선에 깃발이 꽂히면 이쪽으로 우르르, 반대편에 꽂히면 저쪽으로 우르르, 이처럼 시류에 휩쓸리는 정신을 노예의 마인드라고 인식했다.

물론 새로운 가치를 정초하려는 자세는 좋았지만, 이에 따라오는 교만과 독단은 주체하지 못했다. 본인의 정신적 멘토였던 소크라테스나 쇼펜하우어조차도 비판하는 등 고립을 스스로 자초했다. 뮤즈였던 루 살로메라는 여인과의 사랑에 실패한 뒤 극심한 우울증에 빠지기도 했다. 교수직을 내려놓은 뒤 그의 건강 상태는 악화 일로를 걸었다. 안 그래도 병약한 몸을 타고났는데 신경을 너무 많이 쓰다 보니 마비 증세 및 우울증 등 신경성 질환에 시달렸다. 시력도 극도로 나빠졌다. 그토록 초인의 정신을 외쳤지만, 정작 자신은 정신적으로나, 육체적으로나 무너져가고 있었다.

어느덧 40대 중반이 된 니체의 삶이 완전히 무너지는 사건이 발생한다. 카를로 알베르토 광장을 걷던 그는 한 마부가 말의 목을 심하게 채찍질하는 모습을 보고 몸을 던져 말을 보호한다. 그러곤 말의 목을 부둥켜안고 울면서 정신을 잃게 된다. 누구보다 인간을 싫어했다는 것은 역설적으로 인간에 대한 기대치가 그만큼 높았다는 것으로 볼 수도 있다. 필자는 니체가 이 사건을 기점으로 그 무거운 짐을 완전히 내려놓고 포기한 것이라 해석한다. 그 후 인지 및 언어 능력을 완전히 상실하게 되고, 약 10년간 여동생의 보살핌을 받으며 병상에만 누워있다가 눈을 감는다.

인간 영혼에 '위계'가 있다고 믿었던 그는 누구보다 높은 영혼과 소명이 인도하는 힘을 믿었다. 그가 말하던 초인은 위험을 무릅쓰고 투쟁하며 낡은 가치관을 무너뜨리고 새로운 삶의 기준을 세우며 인류를 이끌어가는 자다. 그러한 삶을 완성하기 위해 모든 고통을 비웃었고 나약함을 경멸했다. 삶을 투쟁하듯 살면서 유일하게 그를 위로했던 건 예술이었다. 얼마나 고독한 싸움이었을까? '아모르 파티'를 말하며 삶을 긍정해야 한다고 강조했던 장본인이었지만, 그만큼 긍정이 힘들었으니 더 많이 외쳤는지도 모른다. 아무리 훌륭한 사상가였다고 할지라도 처리되지 못한 감정의 희생자라는 큰 틀에서 벗어나지는 못했다.

극소수의 정신적 천재들은 세상을 살아가며 기본적으로 답답함을 느낄 수밖에 없다. 그들에게는 너무 많은 부조리와 모순, 우스꽝스러운 현상들이 한눈에 들어와 보이기 때문이다. 그러나 니체는 하늘이 내린 그 천재성을 깔끔하게 처리하지 못했다는 안타까움이 있다. 가령 불교 철학도 중생이 중생인 이유는 자기 생각과 주입된 생각을 구분하지 못하기 때문이라고 말한다. 그러나 불교는 중생을 내려다보고 선을 긋기보다는 중생 구제를 목표로 한다. 다소 느긋한 태도가 여기서 나온다. 아무리 답답하더라도 눈

높이를 조금 낮춰 상대가 이해하도록 풀어주려고 노력하는 자세가 전통으로 이어져 왔기에 큰 종교로 발전할 수 있었다.

타인을 경시하는 말과 태도는 그 속에 담긴 의도가 아무리 청고했다 하더라도, 반드시 부메랑이 되어 자신을 치게 되는 결과를 피할 수 없다. 물론 니체는 사후에 가장 대중적으로 사랑받는 사상가로서 세상에 막대한 영향을 주었지만, 정작 본인이 편안하고 행복한 인생을 살지 못했다면 무슨 의미가 있겠는가?

네 가지 형태의 교만

니체는 종교나 정치적인 개념을 넘어서 존재의 본질적 의미와 가치에 관심을 두고 있었다. 그는 돈과 권력을 휘두르는 자나 세속적 의미에서의 지식인(엘리트)을 비천하다고 여겼다. 『도덕의 계보, 이 사람을 보라』 중 한 대목을 살펴보자.

"가장 고귀한 이 혈통의 순수한 본능을 대중 속에서 발견하려면 몇 세기를 거슬러 올라가야 할 것이다. (…) 나는 젊은 독일 황제에게 내 마부가 되는 영예마저도 허락하지 않을 것이다."

니체는 인간의 위계는 출신이나 부와는 아무런 관련이 없으며, 오직 영적으로 고결한 자만이 진정한 의미에서의 귀족이라고 보았다. 이는 쇼펜하우어가 금권 귀족이나 신분상의 귀족이 아닌 정신적 귀족을 가장 고상한 인간 유형으로 본 것과도 일치한다. 니체의 세계관에서 위대한 영혼의 소유자란 정해진 규범만을 따르는 것이 아니라 오직 자신만의 창조적 가치와 정신적 토대를 세상에 내놓을 수 있는 지성과 지혜를 겸비한 사람이다.

니체는 무신론자였고 이 때문에 많은 사람들이 그가 신성이라는 개념을 완전히 부정했던 인물이라 생각한다. 물론 그는 신을 찾아 헤맨 자가 아니다. 하지만 그는 종교에서 말하는 영적인 이상에 대해 의문을 제기한 것이지 신 그 자체를 부정한 것은 아닌 것으로 보인다. 근현대 많은 지성인이 그러했듯, 예수라는 인물을 그 자체로 존경하면서도 그의 이름을 빌려 조직화, 기업화된 형태의 종교와는 선을 그었다. 그는 내세에 의존하기보다는 인간 본성을 누구보다 심도 있게 분석하여 고차원적인 자아실현을 외쳤다. 이러한 점을 미루어 개인의 실존과 삶의 의미에 대한 탐구를 기반으로 하여 차원 높은 신성을 추구했다고 보는 것이 더 가깝지 않나 싶다.

결국 그가 말했던 초인이란 개념도 인간이 자신의 한계를 초월하고 더 높은 수준의 영적 존재로 진화하는 의미다. 궁극적으로 모든 것을 순수하게 받아들일 수 있는 정신적 깊이를 체험하는 경지다. 니체는 어쩌면 철학자보다는 예술가에 더 가깝고, 예술가보다는 도인에 더 가까운 인물이었

우울한 지성인

다. 그는 인간 영혼의 위계를 중시했고, 그 세계관내에서 높은 위치에 도달하는 것이 세속의 그 어떤 가치보다 더 중요하다고 인식했다.

그러나 역시 부작용이 있었다. 바로 영적 교만이다. 기본적으로 자신이 천부적으로 더 나은 부류에 속한다고 믿는 것은 나보다 더 낮은 존재가 있다는 믿음이었다. 이는 정신적 고통의 씨앗이 될 수 있는 부분이다. 신학자 리차드 니버는 세상에 총 4가지의 교만이 있다고 했다.

1. **권력적 교만**(Authority pride)

2. **지적 교만**(Intelligent pride)

3. **도덕적 교만**(Moral pride)

4. **영적 교만**(Spiritual pride)

필자의 개인적인 의견은 이 중 가장 위험한 것이 영적 교만이다. 그 이유는 다른 어떤 교만보다도 더 교묘하게 모습을 변화시킬 수 있기 때문이다. 가령 영적 성장을 추구하는 사람들의 흔한 특징 중 하나가 세속적인 욕망을 초월하겠다는 욕구다. 하지만 에고(Ego)가 그리 만만한 존재가 아니다. 그 형태를 바꾸어 아닌 듯한 모습으로 변형되는데, 얼핏 겉으로 보기엔 고상해 보일 수 있다. 즉 에고가 진화되어 영적 에고가 된다. 영적 위계에서 자신이 최상위 단계에 속한다고 생각하는 사람들은 '선택받은 자'라는 확고한 믿음을 가지게 되고 타인을 마음대로 이끌 자격이 있다는 착각에 빠진다. 어떤 일도 정당화가 가능하다. 영적 진전은 개체의 우월성과는 전혀 관련이 없음을 깨닫지 못한다.

어느 정도 보이지 않는 세계에 이해도가 높아지면 대표적으로 나타나는 특성이 있다. 가령 에너지의 흐름을 한눈에 파악한다거나 사람의 감정과 그 이면을 매우 예민하게 포착한다. 또는 세상이 돌아가는 원리를 총체적으로 이해하는 직관력 등이 극도로 높아진다. 영적 성장을 하는 과정에서 누구에게나 찾아오는 단계다. 그런데 일정 수준 이상의 영적 앎의 단계를 경험한 사람이 더 높은 차원의 자기 성찰의 과정을 거치지 못하면 완벽한 깨달음을 얻었다고 착각하기 십상이다.

그들은 특별한 이치를 깨달았다거나 굉장한 영적 체험을 한 것에 자부심을 느낀다. 이때 본인이 신의 독생자 혹은 예수의 재림이라던가 하는 식의 망상에 사로잡히기도 하며 세속의 경험이나 인간적인 가치를 무조건 다 아래로 본다. 이는 일종의 망상 장애이며 많은 정신적 천재가 이러한 함정에 쉽게 빠지거나 혹은 최소한 그 단계를 일부 체험한다.

물론 세상의 본질이나 비밀 등 더 심도 있는 고찰을 많이 한 것이 특별한

우울한 지성인

경험인 것은 맞다. 하지만 그것이 우월한 것이라는 것은 대단한 착각이다. 오직 그보다 더 높은 차원의 자아 성찰이 동반될 때, 완전한 앎이란 인간이 절대로 도달할 수 없는 영역이며, 다만 지극히 느린 각자의 속도로 나아가는 과정이라는 전제하에 다양한 인식의 층위가 존재함을 깨닫는다. 가령 고등학교 3학년이 초등학교 1학년보다 더 많이 알기는 하나 이것이 우열의 개념과는 전혀 상관없다는 것을 떠올리면 이해가 쉽다. 좀 더 빨리 배운 것이 우월한 것이 아니니 말이다.

결국 만인이 일정한 의식 수준을 체험하는 중이라는 생각까지 도달해야만 겸손을 되찾을 수 있다. 그 이후에 인간적 가치조차도 진심으로 포용하겠다는 자세로 마인드의 도약을 이룬다. 하늘이 내린 천재 니체가 성현의 반열에 오르지 못한 이유가 이 지점을 통과 못해서였다. 오직 본인만이 자신의 인생에 의미를 부여할 수 있고 이는 모두에게 해당하므로 각자의 영적 여정은 어떤 상태에 있건 존중받아야 마땅하다. 그러나 니체는 영적 교만의 벽을 넘지 못했고 그래서 사랑과 자비로 동료 시민을 포용하지 못했다. 예수와 석가의 사상은 큰 종교로 발전한 반면, 니체는 망치 철학자로 기억되는 이유다.

아무도 자신을 이해하지 못하는 세상에 피투 된 그가 자신의 답답함을 글로 승화시킨 그 숭고함은 높이 살만하다. 하지만 어떤 한 사람에게 정당한 것이 다른 사람에게도 반드시 정당할 것이라고 할 수 없듯이, 타자를 낮은 위치의 인간 유형으로 보는 세계관을 너무 강하게 드러낸 부분은 두둔할 수 없다. 니체의 글을 읽는 것은 내적 성장의 측면에서 더 높은 목표를 설정하는 데 매우 효과적이나 자칫 타인을 경시하거나 계몽 또는 구제 대상으로 인식하여 외부 세계와 완전히 단절될 위험도 있다. 그래서 혼자서 만들어 내는 완벽함보다는 다 함께 만드는 조화로움을 염두에 두고 받아들여야 한다.

Chapter 8

그가 속세에 남았던 이유

에이브러햄 링컨 (Abraham Lincoln)

"자신의 발을 올바른 곳에 두고, 그 자리에서 단단히 서라."

−에이브러햄 링컨

그가 속세에 남았던 이유

에이브러햄 링컨은 미국 역사상 최고의 대통령으로도 꼽히지만, 인류 역사의 몇 안 되는 성인의 반열에 든 인물로 불리기도 한다. 그는 남북 전쟁(American Civil War) 당시에도 남측의 인종차별주의자들에게 악의보다는 연민을 품었다. 그것이 인간의 높은 차원의 본성과 낮은 차원의 본성 간의 대결임을 잘 이해하고 있었기 때문이었다. 한마디로 그는 깨어난 인간이었다.

(*남북 전쟁의 목적에 대한 일부 논란은 뒤에 따로 언급한다.)

그런데 약간 특이한 점이 있다. 일반적으로 의식 수준이 지극히 높은 사람들은 속세에서 중심적 기능하기를 꺼리는 경향이 있는데 링컨은 그 반대의 길을 걸었다. 정신의학자 호킨스 박사의 저서 『데이비드 호킨스의 지혜』에도 이러한 내용이 잘 언급되어 있는데, 그들은 대부분의 경우 세상과 거리를 두려 하며 극소수의 경우에만 직접적 사회 참여를 한다. 가령 신분 지위상의 중책을 맡으려고 욕심내기보다는 오히려 독립적인 아웃사이더가 됨으로써 정신적 균형추 역할을 자처한다. 심지어 그들은 종교조차도 조직 생활로 인식할 정도로 독자적인 성향을 보이며, 특히 정치판을 가장 기피한다.

청고한 정신을 가진 자들은 본능적으로 흙탕물을 싫어하기에 천직으로 정치를 할 수 없다. 생각하는 인간으로서 진실과 본질에 맞닿으려는 그 기질적 특성이 정치판을 구린내 나는 편 가르기와 위선의 장으로밖에 인식되지 않게 하기 때문이다. 가령 예수나 석가, 소크라테스와 같은 인물이 정치판에 뛰어드는 모습이 상상이나 가는가? 즉 영적인 삶과 실제적인 삶은 엄연히 다른 영역이기에 한 개인이 두 가지 영역 모두를 깊게 파고드는 경우는 인류 역사를 통틀어 극히 드물다. 누군가가 지극히 세속적인 사람이었다가도 어떤 깨달음 이후에 관조적인 삶의 영역에 눈을 뜨면 대부분 목표나 세계관이 완전히 바뀐다. 그리고 한 번 그 강을 건너면 거꾸로 되돌아갈 수 없다. 물리적 진화의 역행이 불가능하듯 정신적 진화도 마찬가지이기 때문이다.

하지만 극소수의 경우 어떤 역사적인 과업을 완수하기 위해 이 양쪽 영역을 동시에 파고드는 사람도 있다. 바로 링컨과 같은 인물이다. 속세를 뒤로하고 수양에 정진하는 것보다는, 행동적인 삶을 통해 세상의 풍파를 정면으로 맞으며 수행하는 매우 드문 유형이다. 물론 링컨 자신도 고백했듯 그 길은 결코 편한 길이 아니다.

"나는 세상에서 가장 비참한 사람이다. 내 우울함은 불행한 운명 탓이지 내가 무슨 잘못을 했기 때문은 아니다. 나는 탈출구로 죽음을 택할지도 모른다."

링컨은 일평생 심한 우울증에 시달렸고, 최고로 성공한 정치인이 되었음에도 불구하고 스스로를 가장 비참한 사람이라고 바라보았다. 이것은 그가 얼마나 많은 고뇌를 했던 인간이었는지를 여실히 보여주는 대목이다. 그의 궁극적 목표가 단순한 호의호식이나 권세가 아니라 이상과 현실 사이의 간극을 매우 진실한 자세로 고민했던 인물이라는 것을 엿볼 수 있다.

대개 정신적 천재들은 현실 세계가 자신의 날카로운 눈이 보는 기대에 미치지 못하면 그 불균형을 견디기 힘들어 내면세계로 침잠하는 쪽을 택한다. 그러나 링컨은 고통스럽더라도 이상과 현실의 균형을 잡으려 애썼고 세상의 변화를 선도하는 데 앞장섰다. 정치 인생 전반의 공과를 떠나서라도, 대부분의 정치인과는 근본적으로 결이 다른 인물이었다.

고통을 위대함으로 승화한 삶, 링컨의 일생

에이브러햄 링컨은 1809년 미국 켄터키주에서 목수의 아들로 태어났다. 어린 시절은 불운의 연속이었다. 어머니 낸시는 그가 9살 때 독초를 잘못 먹은 뒤 사망했다. 아버지는 어린 아들을 농장에 보내 일을 시켰다. 링컨이 틈틈이 공부나 독서를 하려고 하면 게으름을 부린다고 윽박지를 정도로 독단적이며 교육에 무지한 인물이었다. 제대로 된 교육을 받기에는 턱없이 부족한 환경이었지만, 스스로 학습하고자 하는 의지가 강했고 끊임없는 독서를 통해 지식을 습득하고 발전시켰다. 아무래도 정형화된 교육이 아니다 보니 형식이나 틀에 얽매이기보다는 순수한 지적 호기심에 의한 앎이 쌓이게 되었다.

19살이 되던 해에 누나의 죽음으로 슬럼프를 겪었고, 20대에 들어서도 일은 제대로 풀리지 않았다. 뱃사공, 가게 점원, 측량기사 등 여러 직업을 전전했으며, 친구와 함께 시작한 동업도 실패로 돌아갔다. 에이미라는 여성과 사랑에 빠졌고 결혼을 약속했으나, 몇 달 후 그녀가 장티푸스로 사망하여 큰 충격에 휩싸인다. 누구라도 견디기 힘들 정도로 불운의 연속이었다. 하지만 그는 최악의 환경 속에서도 독학을 게을리하지 않았고 결국 26세의 나이에 변호사 자격증을 취득했다.

링컨은 인생의 전반기에 세상의 어두운 측면을 누구보다 많이 경험했고, 이는 그가 인간과 세상의 본질을 깊이 이해하는 데 큰 도움이 되었다. 특히 역사적 과업을 달성할 운명을 타고난 사람에게는 어두운 경험이 밝은 경험 못지않게 소중한 내적 자산이다. 조슈아 울프 솅크의 저서『링컨의 우울증』에서도 링컨의 고통스러운 삶이 자기 영혼의 본질을 깊이 고찰하는 데 큰

우울한 지성인

도움이 되었고, 여기서 비롯된 그 우울한 기질이 장차 위대한 업적을 남기는 근원적인 힘이 되었다고 통찰하고 있다.

"우울증은 그의 기질 중 한 부분이었다. 그런 내면의 힘이 위대한 과업의 불을 계속 발화시키는 연료가 되었다."

변호사 생활을 하던 링컨은 30대 중후반에 정계에 진출했고, 이제 좀 탄탄대로를 걷나 싶었으나 불운은 계속된다. 모두 4명의 아들을 두었으나 이 중 3명이 하늘나라로 갔으니 그 고통과 상실감은 이루 말할 수 없었을 것이다. 정치인으로서의 커리어 자체도 순탄하지 않았고 그야말로 짙은 고뇌가 가득한 삶을 살았다. 그럼에도 불구하고 삶에 대한 의지와 희망을 놓지 않았기에 누구도 흉내 낼 수 없는 독자적이며 진실된 철학을 가질 수 있었다. 산전수전을 거듭한 끝에 결국 52세의 나이로 16대 미국 대통령으로 당선된다.

어쩌면 하늘이 그를 세상에 내려보낸 이유, 마지막 숙제가 남아 있었다. 바로 노예 해방전쟁이었다. 일각에서는 미국의 남북전쟁이 노예제 폐지보다는 북부의 경제 구조를 더 확고히 하려는 정치적 목적이었다고 주장한다. 부분적으로 맞는 말이지만, 그러하다고 단언하는 것은 전형적인 A 아니면 B라는 식의 이분법적 사고다. 우선 에이브러햄이 노예제 폐지를 매우 중요한 가치로 여겼다는 것은 확실하다. 다만 대의를 달성하기 위해서 정치적 현실을 무시할 수는 없기에 내부 결집을 위한 강력한 표면적 동기도 필요했다. 또한 영국과 프랑스와의 외교적 문제 등도 고려해야 했었다.

세상일이라는 것이 모두 이것 아니면 저것으로 명확히 갈라지는 게 아니다. 사람이 어떤 큰일을 하고자 할 때는 그 지난하면서도 미래가 불확실한 여정 속에서 선택적 이중성이나 모호성도 필요한 법이다. 그리고 다양한 방법을 시도해 보는 과정이 미래의 시점에서 돌아보면 자기모순(self-contradiction)처럼 보일 수도 있다.

그 진실성은 오직 그 사람의 인생 전반을 보고 평가하는 수밖에 없는데, 링컨의 일생이나 성격으로 미루어 위선자 유형의 인물은 확실히 아니다. 역사학자 리처드 커런트도 링컨이 매우 실용적인 솔루션을 중시하는 인물이었다고 말한다. 그는 자신의 논평을 통해 링컨이 시시각각 변하는 상황에 따라 적절한 균형을 잡기 위해 노력했기에 얼핏 줏대 없는(unprincipled) 것처럼 '보일 수도 있음'을 적시한다.

어쨌든 전쟁은 시작되었다. 그것이 아무리 대의를 위한 길이라 할지라도 수만 명씩 사상자가 발생하는 상황을 지켜보며 느끼는 절망감은 어마어마했다. 실제로 남북전쟁을 치를 당시 링컨의 우울증은 극에 달한다. 특히 진실한 영혼의 소유자들은 공감 능력이 매우 높고 죄책감 등의 자기반성적 감정 또한 강하게 느끼는 특성이 있다. 그래서 무의식적 자기 처벌 관념이 링컨을 심하게 괴롭혔으리라 짐작된다. 실제로 집무실에서 자주 울부짖기도 했고, 측근들은 그가 자살을 기도할까 봐 늘 걱정할 정도로 상태가 좋지 않았다.

결국 4년간의 전쟁 끝에 노예 해방은 이루어졌지만 기쁨은 잠깐이었다. 링컨은 종전 5일 후인 1865년 4월 14일, 워싱턴 D.C.의 포드 극장에 연설을 듣기 위해 참석했다가 남부 지지자에게 저격당하고 다음 날 아침 생을 마감한다. 그의 일생과 비극적 결말까지, 마치 신이 어떤 목적을 부여하고 인간 세상에 내려보낸 '특사'의 이미지가 뇌리에 강하게 박힌다. 그는 역경을 극복하는 데 있어서 인내와 지혜를 발휘했다. 문명사회를 등지고 홀로 큰 그림만 그린 것이 아니라 세상 속에서 온갖 시행착오를 겪으며 인류의 진보를 위해 힘썼다. 참된 지성인의 길을 걸었던 인물이었다.

현재에 존재하지만, 미래를 살고 있다

노벨 평화상을 수상했던 슈바이처 박사는 산업화 이후 인간이 사회에 대한 의존성이 커져 스스로의 정신적 존재로 살아갈 수 없을 정도가 되었다고 지적한 바 있다. 각자가 속한 집단의 힘과 제도적 합리성에 의해 생각이 지배받고 있기 때문에 인간 정신의 본래적 기능인 사유가 제 역할을 못하고 있다는 의미였다.

　과학만능주의에 빠진 사회를 우려했던 사회학자 앙리 베르그송(노벨 문학
상 수상)도 비슷한 맥락의 말을 했다. 그는 동물적 본성대로 살아가는 '삶에
의 주의'를 극복하고 '정신의 주의'로 살아가는 방식을 전향해야 한다고 주
장했다. 그것이야말로 가장 고등한 존재만이 할 수 있는 것이기 때문이다.
결국 생각하는 인간만이 고차원적 사고를 할 수 있고 더 나아가 높은 의식
수준을 지닐 수 있게 된다.

　그런데 높은 의식 수준에는 그에 상응하는 시선이 따라오게 마련이다.
이는 본인이 처한 시대 상황에 비해 미래지향적 관점인 경우가 많아 주변
과 세계관의 충돌이 있을 수도 있다. 가령 『레 미제라블』이라는 위대한 문
화유산을 남긴 작가 빅토르 위고는 당시 인종주의적 편견에 빠져 있던 유
럽인들을 비판했던 인물이다. 아시아와 아프리카 사람들의 인권을 위해 목
소리를 높였고 그들의 문화도 동등한 입장에서 존중해야 한다는 점을 주장
했다. 당시 유럽 사회 기준에 비추어보면 한마디로 헛소리였다.

　헤르만 헤세도 나치의 광적인 행보에 반대 목소리를 냈고, 분위기에 휩
쓸려 유대인을 혐오하는 독일인들의 저차원적인 군중 심리를 경계했다. 그
리고 조국으로부터 매국노라는 손가락질을 받았다. 마크 트웨인도 당시 미

국 사회에서 극심한 차별을 받던 중국인 이민자들이나 흑인들에게 많은 연민을 가졌던 인물이다. 역시 당대에는 그러한 생각이 제대로 받아들여지지 않았다. 세팅 값 자체가 잘못된 사회에 수정 방향을 제시했던 대가는 저항이었다.

이들 모두 각자가 속한 시대적 배경과 사회 속에서 이상하고 유별난 인간들이었지만, 그 특출난 선견지명은 미래 세대의 눈에는 자명하게 보인다. 그렇다면 당시 이들에게 손가락질하던 사회 지배층이나 지식인 계층을 과연 '스마트'하다고 할 수 있는가? 지식적 똑똑함이 정신적 똑똑함을 따라올 수 있는가? 그리고 현대 사회의 주류 문화나 관념을 미래 세대의 입장에서 보면 또 어떠할까?

높은 수준의 지각과 통찰이란 표면적인 수준의 지식 획득보다 훨씬 더 고차원적인 개념이다. 폭넓은 지식과 경험, 깊은 사유와 끊임없는 내면 성찰 등 많은 요소가 잘 조화를 이루어야만 한다. 문제는 어느 시대에나 그것이 가능한 인간이 극소수라는 점이다. 이 세상 대부분의 갈등이나 의견 차이가 얼핏 보기에는 의견이나 성격, 성향 차이처럼 보이지만, 그 뿌리까지 파고들면 그렇지 않은 경우가 대부분이다. 사실상 지각 범위나 인식 수준의 차이다. 이것이 바로 우리가 '의식 수준'이라는 것을 진지하게 고찰해 봐야 할 이유다. 그래야만 '현재에 존재하지만, 미래를 살고 있는 인간'들을 이해할 수 있다.

우울한 지성인

Chapter 9

예민함은 신의 선물인가

프란츠 카프카 (Franz Kafka)

"악마 같은 것은 이따금 착한 체하거나 아예 선으로 변신하기도 한다."

−프란츠 카프카

예민함은 신의 선물인가

쇼펜하우어는 지능이 발달할수록 인식이 날카로워지며 이로 인한 정신적 고통이 증가한다고 믿었다. 물론 그가 살았던 삶을 비추어 볼 때 여기서 말하는 지능이란 단순한 IQ의 개념은 절대 아닐 것이다. 당시 그런 표현이 없었을 뿐 사실상 영성 지능(SQ)을 뜻한다고 확신한다. 즉 쉽게 말해 SQ가 높을수록 예민하다는 말인데, 그 이유는 지각 능력의 범위가 커짐으로 인해 어떤 사안의 부정적인 측면과 긍정적인 측면 양쪽 모두가 눈에 더 잘 보이는 상태가 되기 때문이다.

가령 아래 다섯 가지 항목을 예로 들어보자.

돌 - 나무 물고기 - 개 인간

우선 지각 가능한 감정이나 인지의 스펙트럼이 넓어질수록 더 고등 동물이라는 점은 틀림이 없어 보인다. 물론 같은 종 내에서도 세밀한 차이는 나게 마련이지 않을까? 즉 사유와 인식의 수준이 높아질수록 대상을 관찰하는 시각이 더 섬세해진다. 그러다 보니 양적인(Positive) 감정도 더 크게 느끼는 반면, 음적인(Negative) 감정도 깊이 있게 체험한다. 그만큼의 부정성을 볼 수 있는 존재여야만, 애초에 그에 상응하는 문제 인식이 가능하다. 궁극적으로 어둠을 빛으로 바꾸는 능력도 가질 수 있다. 어둠을 보는 것이 빛을 보는 것만큼 가치 있는 이유다.

개별성을 떠나서 집단의 특성을 보더라도 선진국일수록 사소한 디테일에 더 예민하거나 우울증 등의 정신적 고통이 더 두드러지게 나타난다. 서유럽과 아프리카를 비교하면 이해가 쉽다. 단순히 유럽인의 유전자에 멜랑콜리적 인자가 더 많기 때문은 아닐 것이다. 각 사회마다 의식의 진화라는 측면에서 평균값이 있고, 비교적 더 높은 수준의 사회화 과정을 거치면 당연히 더 높은 비율의 사람들이 발달된(민감한) 센서를 가지게 마련이다. 다만 한 개인의 센서가 소속된 집단의 평균보다 훨씬 더 민감하다면 그 맥락 내에서 '예민한 인간'이라고 인식된다. 혹은 경우에 따라 신경증이라 부르기도 한다.

신경증이라는 단어를 들으면 부정적인 이미지가 확 다가온다. 하지만 독일의 사회심리학자 에리히 프롬은 예민한 신경증 환자와 정상인을 구분하는 데 있어 일반적인 관념을 뒤집는 의견을 피력했다. 그는 신경증 환자들이 어떤 사안을 바라볼 때 개선이 필요한 부분을 보통 사람들보다 훨씬 더 예리하게 캐치하고 그것을 가식 없이 표현한다는 점에 주목했다. 그리고 신경증 환자들이 보통 사람들보다 인간적인 가치의 중요성을 더 깊이 있게 자각하는 사람들이라고 단언했다. 사회나 집단에 적응을 잘할수록 그만큼 개성을 포기하였기에 큰 문제의식을 못 느끼는 상태라는 전제하에서다.

독자성과 고유성을 더 깊이 자각하는 인간일수록 무언가를 바꾸고 개선하고자 하는 열망도 강해진다. 문제는 그 열망을 성공적으로 구현시키는 것이 결코 만만한 일이 아니기에 그 힘겨운 싸움을 하는 과정은 매우 불편할 수 있다. 다양한 자극이 너무 많다 보니 필터에 과부하가 걸린다. 에너지 고갈이 심하고 예민해질 수밖에 없다. 물론 예민한 특성을 고치기란 너무나도 어렵지만, 그 관점을 거꾸로 뒤집어 보면 어느 누구도 감히 하지 못했던 생각이나 일을 해낼 수도 있는 사람이란 뜻도 된다.

한결같이 정신문명을 추구했던 작가, 카프카의 일생

카프카는 시대를 크게 앞서간 감각을 지녔던 작가로 평가된다. 이름이 다소 생소한 독자들도 있겠지만, 수년 전 대한민국에서 불었던 한 밈(meme)의 진원지가 그의 소설이었다면 귀가 솔깃할 수도 있다. 젊은 여성들 사이에서 "내가 바퀴벌레로 변하면 어떡할 거야?"라는 질문이 유행했던 적이 있다. 처음 이 질문을 유행시킨 당사자가 밝힌 바에 따르면 프란츠 카프카의 소설 『변신』을 읽고 SNS에 올린 것이 큰 유행으로 번졌다고 한다. 그 영향력은 시공간을 초월하고 있다.

프란츠 카프카는 1883년, 체코 프라하에서 태어났다. 사업가로 크게 성공한 아버지 헤르만은 병약하고 예민한 성격을 가진 아들을 늘 못마땅해했다. 매우 권위적이었고 걸핏하면 프란츠를 윽박질렀다. 물론 아들을 싫어한 것은 아니었다. 다만 세 아들 중 두 아들이 죽고, 프란츠 혼자 남은 상황이었기에 마음의 여유가 없었다. 아들이 좀 더 큰 욕심을 내어 상류층 사회에 속하기를 바랐기에 돈, 경영, 출세 등의 외적 가치만을 강요했다.

하지만 프란츠는 예술가적 기질이 다분했고 이미 어릴 적부터 정신문명을 추구하는 아이였다. 관계적 측면에서의 상성이 전혀 맞지 않았기에 부자 간의 사이가 원만하기는 애초에 어려웠다. 대학에 진학할 때도 아버지의 뜻대로 법학을 전공했으나 정작 그는 법조계에 추호도 관심이 없었다. 강압적인 아버지에게 불만과 반발심을 느끼면서도 동시에 늘 주눅이 든 상태로 자랐다. 결국 프란츠는 마음의 문을 완전히 닫았다. 심지어 자기 자신에게 어떤 문제가 있을지도 모른다는 막연한 수치심은 자존감을 더욱 깎아먹었다.

그의 저서 『아버지에게 드리는 편지』에 나오는 한 대목을 보면 성인이 되어서도 그 피해의식에서 벗어나지 못했음이 엿보인다. 이를 작품을 통해 표출함으로써 그 심리적 그림자를 떨쳐버리고자 발버둥 쳤다.

우울한 지성인

"아버지의 말씀과 판단들은 저를 형언할 수 없는 고통과 모멸의 나
락에 빠뜨릴 수 있는데도, 어쩌면 아버지는 그런 것에 대해 그다지
도 철저하게 무감각하셨는지요."

프란츠는 매우 병약한 몸으로 고생했고 예민한 청각 때문에 작은 소리에
도 깜짝 놀라는 등 유독 두려움이 많았다. 유년 시절에 태어난 동생들이 줄
줄이 사망했었기에 정서적으로도 매우 불안정했다. 간헐적으로 자살 충동
을 느꼈으며 우울증도 심했다. 아래의 발언을 보면 자기 자신을 어떻게 인
식하고 있었는지 엿볼 수 있다.

"나는 나약하고 소심하고 말이 적고 짜증을 잘 내고 남들과 친하지
않고 예민하고 내 방에서 혼자 지낸다."

그의 대표작 『변신』의 주인공 그레고가 가족들에게 어떤 대우를 받는지
는 당시 유럽 사회에서 정신적인 문제가 있는 가족 구성원을 어떻게 대하
는지를 반영한다. 제대로 된 사람 취급을 받는다기보다는 '짐'으로 인식되
는 설정에서 작가 본인의 고립감과 무의식적 수치감도 엿볼 수 있다. 그의
문학 작품 전반에 걸쳐 올바르지 못한 부모의 역할이나 죄의식, 고독, 무력
감, 자기 부정 등의 요소가 짙게 배어 있다. 어두운 불확실성과 두려움의
감정을 뜻하는 카프카에스크(Kafkaesque)라는 형용사도 그의 이름에서 유래

되었다.

  카프카는 낮에는 직장인, 밤에는 작가 생활을 병행했다. 마음 같아서는 글만 쓰고 싶었지만, 아버지와의 관계 단절로 인해 생계를 위한 일이 필요했다. 노동자 사고 보험회사에서 근무하면서 어려운 상황에 처한 노동자들에게 큰 연민을 느꼈고, 그들의 처우 개선을 위해 진심으로 노력했다. 그리고 퇴근 후에는 밤늦게까지 글을 썼다. 몸과 마음이 그렇게 약하게 타고났음에도 자신의 운명에 굴복하지 않고 진지한 태도로 삶을 대했다. 예민한 정신의 소유자였기에 의문을 던지는 인간일 수 있었고 그러한 성향은 그의 작품을 특별하게 만들었다.

  1917년부터 결핵을 앓기 시작했다. 여러 요양원을 전전하면서도 집필 활동을 멈추지 않았다. 그러나 그는 죽기 전 자신이 쓴 원고를 모두 파기해달라고 유언했다. 당대의 사람들이 자신의 쓴 글의 깊이를 이해할 수 있으리라는 확신이 들지 않았기 때문이다. 그러나 친구였던 막스 브로트는 그 약속을 깨고 카프카의 모든 작품을 출간했다. 그 문학적 유산이 세상에 제대로 알려지고 난 뒤 카프카는 심리적 고통을 다룬 문학의 선구자로 재평가되었다.

뉴스를 보지 않는 이유

예민한 성격을 가졌음은 확실히 몸과 정신이 더 힘든 운명이다. 주변 상황이나 정보에 민감하고 그만큼 더 많은 신경을 쓸 수밖에 없다. 가령 9세의 여아가 50대 남성에게 잔인하게 살해된 사건이 뉴스에 나온다고 가정해 보자. 정신적으로 더 섬세한 사람은 이를 보고 어떤 감정을 느낄까? 기본적으로 공감 능력이 높다 보니 평균의 사람들보다 더 큰 분노(가해자를 향한)의 감정과 더 큰 연민(피해자를 향한)의 감정을 동시에 느낄 것이다.

만약 정신 수준까지 높다면 단순히 여기에서 그치지 않는다. 세상 전체의 인과적 질서를 보며 궁극적으로 가해자에게도 연민을 느끼는 단계까지 생각이 도달한다. 어쨌든 매우 복잡한 심경이며 가슴이 울린다. 프랑스의 유명 작가 베르나르 베르베르는 한 인터뷰에서 자신은 뉴스를 보지 않는다고 말한 적이 있다. 뉴스의 충격이 매우 크게 와닿기 때문이라고 했다. 영혼의 감수성이 높다 보니 감정의 연결성을 더 크게 느끼는 것이다.

예민한 사람들은 스스로 그 특성을 콤플렉스라고 여기는 경우가 많다. 어디서나 예민한 사람을 까다로운 사람 취급하기에 본인에게 뭔가 문제가 있다고 인식하게 되었을 확률이 높다. 이를 극복하려면 근본적인 인식을 바꾸는 수밖에 없다. 자신의 기질을 인정하고 장점을 집중적으로 조명하는 것이다. 가령 예민한 성격은 세밀한 관찰에 매우 유리한 특성이다. 특히 남들이 보지 못하는 작은 차이를 발견하는데 상상 이상으로 탁월함을 보인다.

군대에 비유하자면 특수 부대원이다. 그들은 일반 병사보다 더 강도 높은 훈련에 몸과 마음이 더 고단할 수밖에 없다. 하지만 오직 그러한 연단의 과정으로 인해 특수 임무를 수행할 수 있는 요원으로 거듭난다. 예민한 정신도 같은 로직이다. 다만 그 목적이 전투력이냐, 통찰력이냐의 차이다. 남다른 통찰력을 갖기 위한 특수 훈련이 있다고 가정해 본다면 민감한 센서는 하늘이 주신 큰 선물이나 다름없다.

즉 타고난 성격을 완전히 바꿀 수는 없지만, 트레이닝을 통해 그 프레임을 제어할 수는 있으며 이것이 어느 정도 가능해지면 엄청난 시너지를 낼수도 있다. 작가나 예술가 등의 특정 영역에만 국한되는 것이 아니다. 월트디즈니, 헨리 포드, 스티브 잡스, 빌 게이츠, 제프 베조스, 일론 머스크 등정상적인 범주를 완전히 벗어나는 결과를 달성한 많은 기업가도 매우 예민한 영혼의 소유자들이었음은 이미 널리 알려져 있다. 이들은 남들이 단점이라고 보는 성향이 사실상 자신만의 강점임을 자각하고 있었다.

빔 벤더스 감독의 영화 〈베를린 천사의 시〉에서는 다미엘과 카시엘이라는 두 천사가 베를린을 돌며 사람들을 관조한다. 사람들의 속마음을 읽을수 있는 능력을 지닌 그들은 평범한 인간들의 삶을 관찰하고 진지하게 대화를 나눈다. 그런데 인간의 부정적인 면을 조금씩 다르게 보기 시작하면서 잔잔한 깨달음을 느낀다. 영원불멸의 존재인 천사가 부러워하는 것은 결국 희로애락이다. 인간이 되기로 결심한 천사 다미엘이 원했던 것은 모든 감정의 스펙트럼이지 긍정적인 감정만이 아니었다. 예민함은 결코 극복하고 없애야 할 그 무엇이 아니다. 우리를 날카롭게 하지만, 동시에 깨어 있게도 한다.

Chapter 10

흔히 소시오패스로 오해되는 그들

마크 트웨인 (Mark Twain)

"진실이 신발을 신고 있는 동안 거짓은 세상을 반 바퀴 돌 수 있다."

—마크 트웨인

까칠함과 소시오패스의 차이점

기업인 일론 머스크는 인류를 위하는 일에는 큰 관심을 보이지만, 주변의 인간에게는 냉혹하다는 평가를 듣는다. 일부에서는 이것이 소시오패스적 특성이라고 몰아붙인다. 물론 그럴 수도 있다. 그러나 좀 더 깊이 들어가 보면 그렇게 단선적으로 바라볼 문제가 아니다. 과거 현인들 중에서도 소위 '까칠한' 인물이 많았다. 소크라테스도 '아테네의 잔소리꾼'이라는 별명이 있었다. 소설가 마크 트웨인도 보편적인 인류는 사랑하면서도 개별적인 인간과는 자주 논쟁을 벌이는 성향이었다. 계몽주의 철학자 장 자크 루소도 그랬다. 특히 루소의 경우 '위선자'라는 주홍 글씨와 '성인'이라는 찬사, 이 상반된 평가가 늘 따라다녔다. 과연 이러한 애매하고 모순적인 상황을 어떻게 볼 것인가?

조금 관점을 바꾸어보자. 어느 날 갑자기 깨달음의 순간이 찾아와 가족을 등지고 승려의 삶을 살고자 하는 사람을 우리는 어떻게 평가해야 할까? 일방적으로 가족과 연을 끊었기에 나쁘다 욕해야 할 것인가 아니면 수행자의 길을 선택한 그 큰 뜻을 높이 사야 할 것인가? 이쯤에서 우리는 사랑에 크게 두 가지 종류가 있다는 것을 인식할 필요가 있다. 고려대 석영중 교수의 강의에 따르면, 도스토옙스키는 소설 『카라마조프가의 형제』에서 사랑을 '공상적 사랑'과 '실천적 사랑' 두 가지로 구분했다. 공상적 사랑이란 인류애나 혹은 자연, 동물 등을 사랑하는 마음 등의 관념적이며 거시적인 사랑이다. 반면 실천적 사랑은 당장 옆에 있는 인연을 대하는 현실적인 마음이나 태도에 가깝다.

보통 우리는 실천적 사랑에 조금 더 무게를 둔다. 즉 거창한 인류애를 논하기 전에 주변 사람, 특히 가족이나 먼저 챙겨야 한다는 입장이다. 하지만 그것이 꼭 정답이라고 할 수는 없다. 정신분석학자 에리히 프롬의 『사랑의 기술』이라는 책에는 모든 인간에 대한 사랑을 형제애라고 지칭하며 오히려 이것이야말로 근본적인 사랑이라고 통찰한다.

"무력한 자에 대한 사랑, 가난한 자나 이방인에 대한 사랑은 형제애의 시작이다. 육친을 사랑하는 것은 훌륭한 일이 아니다. 짐승도 새끼를 사랑하고 보호한다."

일반적으로 자아의 한계를 넘어 개인성을 어느 정도 초월한 상태가 되면 주변인들에게 사사로운 정에는 둔감한 모습으로 비칠 수 있다. 하지만 이

우울한 지성인

는 여러 측면의 한 단면일 뿐이다. 이전 장에서 설명한 바 있듯 높아진 정신 수준에는 세상의 부정적인 측면도 더 선명하게 보이는 그림자도 따라온다. 그러한 양가적인 부분이 고려되어야 상황을 제대로 직시할 수 있다. 심리학자이자 불교의 명상 수행법을 서양에 소개한 인물인 잭 콘필드의 저서 『깨달음 이후 빨랫감』을 보면 유사한 맥락을 지닌 글이 눈에 띈다.

"큰 지혜, 깊은 자비심, 자유에 대한 진정한 이해가 밀려오는 순간들은, 안타깝게도 두려움과 혼돈과 신경증과 몸부림의 시간들과 교차하며 지나간다. 진정한 지도자라면 이 사실을 서슴없이 시인할 것이다."

동서양을 통틀어 깊은 단계에 도달한 영적 수행자들을 면밀히 관찰한 결과, 그들이 사소한 일상적인 생활이나 인간관계 속에서의 불편함에는 오히려 더 예민할 수도 있다는 본질을 잘 묘사하고 있다.

성인(聖人)이라 함은 높은 수준의 지성을 기반으로 하여 세간의 시비를 상대적인 것으로 파악하고 현상 세계를 넘어선 시선을 가진 사람이다. 한마디로 남들이 보지 못하는 것을 보는 사람들이다. 그들이 한없이 인자하고 착해야 한다고 생각하는 것은 그 본질을 전혀 파악하지 못한 오해다. 오히려 더 높은 시선을 가지고 더 고차원적인 생각을 함으로 인해 상당한 수준의 신경증이 동반되는 것이 매우 흔하다. 그리고 아이러니하게도 그 날카로움은 세상을 폭넓게 보기 시작했다는 강한 신호이기도 하다.

정신적 천재는 대개 높은 감성지능을 지닌 탓에 자연스레 공감 능력이 높다. 따라서 자연과 동물을 사랑하고 인류애가 높을 수밖에 없다. 그러나 높은 정신 수준에 도달했다 하더라도 개인적인 인간관계를 하다 보면 타인과의 인식의 층위가 다름을 끊임없이 발견하게 된다. 모든 인간은 본인의 인식을 기준으로 하여 타인을 바라보고 평가하기에 더 높은 세계와 생각을 가늠하지 못한다. 상대적으로 탁월한 시선을 가진 자들은 수많은 억측과 오해에 지치고 만다. 그래서 큰 그림을 그리는 방식을 택하고 오히려 개인적인 유대관계는 점점 줄이는 방식으로 행동할 수 있다. 이것이 세인들의 일반적인 시선의 높이로 볼 때는 사회적 지능이나 공감 능력이 떨어진다고 거꾸로 해석될 수도 있다.

가령 여성의 투표권이 없고 그것이 모두에게 지극히 당연히 받아들여지는 시대적 상황을 상상해 보자. 이때 어느 진보적 사상가가 여성도 투표권이 주어져야 한다는 뜻을 펼친다. 그런데 수년 동안 사방팔방에서 계속 욕만 들어먹는다면 기분이 어떨까? 인류의 진보를 염원하며 시대를 앞선 생각을 하는 사람의 입장이지만, 개별적인 인간관계는 하기 싫다는 마음이 들 수도 있다. 현상을 깊게 파고들어 생각해 보지 않는다면 그저 위선자나 소시오패스로 보일 수 있다.

우울한 지성인

일반적으로 공감 능력이 현저히 떨어지는 사람을 소시오패스라고 부른다면, 오히려 공감 능력이 너무 높아 관계상의 거리를 두는 차이를 잘 분별해야 한다. 공상적 사랑이라는 개념이 단순한 흑백논리에 의해 평가절하되어서 안 되는 이유다. 거창한 관념적 사랑을 논하기 전에 주변 사람이나 먼저 챙기라는 식으로 단순화하기에는 사안이 생각보다 훨씬 더 복잡하기 때문이다. 얼핏 보기에는 차가운 듯 보일 수도 있지만, 사실 그 공감 능력은 보통 사람들의 지각 범위를 완전히 넘어설 정도로 높을지도 모른다.

몇 세대를 앞섰던 선견지명, 트웨인의 일생

시사 주간지 타임(TIME)지는 미국을 만든 인물로 마크 트웨인을 선정한 바 있다. 이는 그가 문화 흐름을 바꾸었고, 인종 문제에서도 몇 세대를 앞선 인식을 했던 인물이기 때문이다. 트웨인은 미국 사회의 동물권 인식 향상에도 크게 기여했다. 그는 작품을 통해 사냥을 스포츠로 즐기는 문화를 신랄하게 비판했고, 동물 실험이나 잔인한 사육 및 도축 등에도 큰 혐오감을 드러냈다. 소설가이기 이전에 선견지명이 있는 사상가였다.

1835년 미국 플로리다에서 태어난 마크 트웨인(필명)의 본명은 새뮤얼 랭혼 클레멘스(Samuel Langhorne Clemens)다. 아버지가 보증을 잘못 서서 파산하는 바람에 가난한 유년기를 보냈다. 유난히 병약해서 가족들의 걱정을 많이 받았다. 어머니는 인류애가 넘치는 분이었고, 특히 동물에 대한 애정이

각별했다. 온 동네 길고양이가 그녀를 따라다닐 정도였다. 길거리에서 마부가 말을 채찍으로 심하게 때리는 장면을 목격하고 얼른 달려가 채찍을 붙잡고 마부를 타일렀던 일화도 있다. 훗날 마크 트웨인의 인권, 동물권 관련 행보가 어디서 기인했는지 알 수 있다.

새뮤얼(마크)이 11살 때 아버지가 법정 서기로 취직하고 어느 정도 살 만해지는 듯했다. 하지만 출장을 갔다 온 아버지가 갑자기 폐렴으로 사망하자 가족들은 큰 충격을 받는다. 새뮤얼은 이듬해부터 인쇄소에서 견습공으로 일을 시작해 공장에서 숙식하며 지낸다. 정규 교육은 받지 못했지만, 공공 도서관에서 독학하는 악바리 같은 면모가 있었다. 기본적으로 지식욕이 있었고 그 특유의 독학 방식이 인생 전반에 영향을 미쳐 독특한 시각과 인간에 대한 깊은 이해를 지니는 데 큰 도움이 되었다.

20대 초반 무렵, 우연히 증기선에서 일을 하던 호레이스 빅스비를 만나고 함께 일해 보기를 권유받는다. 증기선 견습 운항사가 되어 키 잡는 법을 배우고 꽤 높은 수준의 수입에 만족하여 동생도 선원으로 취직시킨다. 그러나 운명의 장난은 끝이 없었다. 배가 폭발하는 사고로 동생이 화상을 입었고 치료 도중 의료 사고(몰핀 과다 주입)로 인해 사망한 뒤 실의에 빠진다. 이후 골드러시 열풍이 일자 약간의 토지를 매입해 일확천금을 꿈꿨으나 큰 투자 실패로 이어진다. 그야말로 불운의 연속이었고 문학과도 거리가 먼

인생을 살았다.

20대 후반에 기자가 되어 본격적으로 펜을 잡지만, 강한 개성 탓에 이 생활 또한 만만치 않았다. 한 일화로 깡패들이 길거리에서 중국인 이민자를 집단 폭행하는데 경찰이 옆에서 구경하는 모습을 목격하게 된다. 새뮤얼은 이에 격분하여 그 사건을 기사로 썼지만, 상부의 지시에 의해 기사가 커트당하고 엄청난 회의를 느낀다.

그는 사회적 약자나 소수 인종에게 매우 동정적인 모습을 보였고 특히 노예 폐지론과 여성참정권도 강력히 주장했다. 돈 없는 흑인 학생들에게는 장학금을 대줄 정도로 진실성 있는 지성인의 면모도 보여주었다. 백인 제국주의자들이 전 세계를 들쑤시며 학살과 착취를 자행하는 것을 극도로 혐오했다. 무엇보다도 흑인은 인간 취급도 안 하던 사회 분위기 속에서『허클베리 핀의 모험』이라는 작품을 통해 흑인도 똑같은 감정을 가진 인간이라는 모습을 묘사한 것은 충격적인 일이었다. 헤밍웨이는 해당 작품이 미국 현대 문학의 시작이라고 극찬하기도 했다.

마크 트웨인은 지금의 기준으로 바라보면 선구안적인 인물이지만, 당시 기준으로는 유별난 인간이었다. 소위 까칠한 성격의 소유자였지만, 진심으로 인류와 동물을 사랑했던 인물이었다. 헷갈리지 않는가? 그의 인생을 보면 왜 누군가의 성격을 겉만 보고 쉽게 판단해서는 안 되는지를 알 수 있다. 오히려 왜 까칠할 수밖에 없었을까를 생각해 보게 된다. 세상이 그 앞선 생각을 따라오기에는 너무 뒤처졌기 때문이었다. 본질을 생각할 줄 알아야만 높은 정신을 '오해'하지 않고 '이해'할 수 있다.

시각의 대전환

인간은 살면서 크게 3단계로 세계관의 성장 단계를 거친다.

1. 가족과의 만남

2. 세상과의 만남

3. 하늘과의 만남

특수한 경우가 아닌 이상 대부분의 사람은 1단계를 넘어 2단계에 진입하지만, 2단계에서 3단계의 관문을 통과하는 사람은 극소수다. 이는 인식의 범위가 확장되어 하늘의 뜻과 세상의 이치를 깨달아가는 단계를 의미한다. 단언컨대 직업으로서의 종교인이나 무속인 등의 개념과는 아무런 상관이 없다. 오직 스스로 진실과 사랑을 전파하는 통로가 되는 사람들, 가령 극소수의 성현들이나 큰 종교의 창시자, 위대한 사상가들의 삶을 봐야지만 그 특징을 엿볼 수 있다.

만인에 대한 책임감은 느끼지만, 정작 사회 관계적 측면에서의 속박은 상당 부분 벗어던지는 경우가 많다. 그래서 가족, 친구, 연인 등의 가까운 관계에 놓인 사람으로부터는 원망과 오해를 받는 것이 흔하다. 세상 전체와 연결성이 커지지만, 세상 속에서의 가까운 인연이나 관계를 무조건 유지해야 한다는 관념은 현저히 줄어들기 때문이다.

그릇이 큰 사람을 파악하려면 그 사람의 염원의 크기를 보면 된다는 말이 있다. 나를 넘어, 내 가족을 넘어, 내 나라를 넘어서는가? 인류를 넘어 모든 생명과 자연 존중까지 그 염원이 크게 뻗치는가? 세계적인 영성가였던 데이비드 호킨스 박사의 저서 『놓아버림』에서는 다음과 같이 통찰이 담겨 있다.

"의식의 상태가 진보하면 모든 존재가 새로운 의미를 띤다. (…) 가장 높은 진동 상태에서 사람은 개인과 그 나머지 우주를 절대 분리된 것으로 보지 않는다. 만물과 완전히 일체인 상태를 경험한다."

앞서 칼 융 편에서 그가 자신과 다른 것들을 분간할 수 없고 큰 우주와 일치한다는 강한 경험을 했다는 고백을 기억하는가? 세상에 속한다기보다는 자신과 세상을 구분 짓는 경계 자체가 사라진 듯한 관점이 생성되었음을 함의한다. 정신의 지평이 넓어지면서 개인과 우주 전체의 동기화율이 올라가고 중심 사고도 땅의 가치에서 하늘의 가치로 이동해버린다. 참여자에서 관찰자로 시각의 대전환이다. 우주는 하나라는 개념, 즉 심층적으로 상호 연결된 것을 깨닫는 것이야말로 사랑의 원천이며 그러한 사랑을 할 수 있는 능력은 극도로 고도화된 정신과 정확히 맞닿아 있다.

비범한 의식 상태에 있던 인물들은 왜 그토록 높은 인류애를 지녔으며, 또 자연과 동물에게 깊은 연민과 사랑을 느꼈는지, 이제 그 근원이 어렴풋이 짐작이 간다. 그런데 왜 모순되게도 인간 사회와는 마찰이 심한 경우가 많았을까? 그들은 세상 모든 갈등은 단순한 견해 차이가 아니라 그 근원을 파고들면 사실상 지각 능력과 의식 수준의 차이임을 알았다. 어쩌면 인간을 싫어했다기보다도 낮은 수준의 생각이 난무하는 인간 세상을 바라보며 몸과 마음이 지쳐버렸는지도 모른다. 사실상 지구상에 존재하는 모든 것을 사랑한 것인데, 무지한 인간 세상의 괴롭힘에 지쳤던 것이라면 어느 정도 퍼즐 조각이 맞춰진다. 그 복잡한 방정식을 겉만 보고 단순히 위선이나 모순이라고 지적한다면 결코 높은 수준의 통찰력이라고 볼 수 없다.

우울한 지성인

Chapter 11

당신은 나르시시즘을 욕할 자격이 있는가?

스티브 잡스 (Steven Paul Jobs)

"세상을 바꿀 수 있다고 생각하는 정신 나간 사람들이 세상을 변화시
킨다."

–스티브 잡스

나르시시즘의 이면

아일랜드가 낳은 천재 작가 오스카 와일드는 늘 자신을 남다르고 특별한 존재라고 여기면서 살았던 인물이다. 러시아의 대문호 레프 톨스토이도 본인이 예외적이며 남들보다 앞서 있는 사람이라고 스스로 인식했다. (일기에 그렇게 썼다.) 그들은 자신이 평범하게 보이는 것을 극도로 싫어했다. 또한 베토벤, 니체, 쇼펜하우어 등 많은 시대적 천재들도 그랬다. 얼핏 보면 이런 교만한 인간들이 다 있나 생각하기 쉽다.

하지만 조금 더 깊이 들어가서 상상의 나래를 펼쳐보자. 혹시 남다른 정신적 사유 능력을 타고난 그 입장에서 살아보면 누구나 똑같이 느낄 감정은 아닐까? 과연 인성 문제로만 단순화시킬 수 있는 문제인가? 평균 이상의 자기도취를 악으로 규정하고 비난해야만 하는가? 『이어령의 마지막 수업』이라는 책에 나오는 한 대목이 시선을 잡는다.

"나는 도덕적이고 이타적인 사람이 아니야. 오히려 에고이스트지.

에고이스트가 아니면 글을 못써. 글 쓰는 자는 모두 자기 얘기를 하고 싶어 쓰는 거야. (…) 남을 위한 에고이스트로 사는 거지."

이제 약간 실마리가 풀리는 듯하다. 즉 남다른 인생 목적을 부여받은 사람들의 삶이 조금 다르게 설계되었다는 시각으로 바라본다면 오해가 다소 풀릴 수도 있다. 만약 본인의 의지와 무관하게 내가 남들과 다르다는 것을 인지하면서 살아갈 수밖에 없는 상황이라면? 한시적이지 않고 평생을 그런 느낌을 가지고 살아야 한다고 상상해 보면 그 심정이 조금은 이해가 갈지도 모를 일이다. 그리고 언젠가 그 답답함을 세상을 위한 선물로 승화시킨다면 그것이야말로 "남을 위한 에고이스트"가 아닐까. 무엇보다도 사회악적 성향이라고 주홍 글씨가 단단히 박힌 '나르시시즘'에도 긍정적 측면이 있지는 않을까 하는 생각이 든다.

사실 나는 남들과 다르다는 강박에 잡혀 사는 인생만큼 힘든 인생이 없다. 기본적으로 사람들을 깔보지만, 반대로 타인에게 인정과 사랑은 받고 싶어 하는 지독한 이중성이 있다. 교만해 보여도 사실은 아프다고 몸부림치는 것이다. 하지만 그 내면의 아픔을 역이용하여 나르시시즘적 자기상에 합치하는 인물이 되고자 피나는 노력을 할 때, 세상에 큰 선물을 가져다줄 잠재력을 지녔다. 인류 역사를 통틀어 셀 수 없이 많은 그러한 케이스가 있다.

우울한 지성인

얼음보다 차가웠던 혁신가, 잡스의 일생

1955년, 샌프란시스코에서 태어난 스티브 잡스의 삶은 시작부터 평탄치 못했다. 시리아에서 미국으로 유학 온 남학생과 백인 여학생 조앤의 연애에서 예상치 못하게 생긴 아이였다. 조앤의 집안에서는 아이를 지우라고 성화였지만, 그녀는 차마 그렇게 할 수 없었다. 결국 아이를 낳고 입양을 보내게 된다. 양부모 밑에서 자란 스티브는 소년기에 정체성과 자기애에 관련된 문제를 겪었다. 훗날 스티브는 자기 개성을 찾고 자아를 형성하는 데 어려움을 느꼈다고 회고했다.

남다른 호기심은 반사회적 성향으로 보이기에 충분했다. 살충제를 먹어 응급실에 실려 가거나, 학교에서 선생님 의자 밑에 폭죽을 설치하는 등 사고뭉치로 낙인찍혔다. 고등학교 시절에는 히피들과 어울리며 마약을 즐기기도 했다. 스티브의 인생이 조금씩 바뀐 것은 우연히 선불교를 접하면서부터였다. 당시 샌프란시스코에는 많은 선불교(일본식) 절이 있었는데 일반인을 상대로 불교와 명상을 가르치는 프로그램이 있었다. 그는 불교를 접하며 서서히 일탈이 줄었다.

스티브는 본격적으로 동양 철학을 공부하고 싶어서 대학에 진학했다. 그러나 학교 강의가 체질에 맞지 않았고 비싼 등록금 때문에 양부모에게 부담을 주는 것을 죄스럽게 느낀다. 결국 한 학기 만에 중퇴하고 게임 회사에 취직한다. 하지만 이 또한 얼마 지나지 않아 그만둔다. 내면의 평화를 찾기 위해 인도로 여행을 떠난다. 수 개월간 거지꼴을 하고 정처 없이 인도를 유랑했지만, 이 또한 그가 진정으로 원한 것이 아니라는 깨달음에 다시 미국으로 돌아온다. 본격적으로 승려의 길을 걷고자 했으나 세상 속에서 큰일을 이루라는 스승의 만류로 다시 회사 생활을 이어 나간다. 대강의 인생 흐름만 봐도 청년기에 얼마나 큰 정신적인 혼란을 겪었는지가 한눈에 들어온다.

그의 인생에 빠질 수 없는 인물은 단연 스티브 워즈니악이다. 기술적인 측면에서 뛰어난 천재성을 보인 친구 워즈니악의 도움이 없었다면 스티브의 창업은 실현될 수 없었을 것이다. 둘은 1976년 애플 컴퓨터를 공동 창업한다. 퍼스널 컴퓨터를 유저들이 최대한 불편함 없이 사용할 수 있게 하자는 비전을 꿋꿋이 밀어붙여 젊은 나이에 억만장자 반열에 오르게 된다.

하지만 그의 강퍅한 성격은 끊임없이 반목을 부른다. 그와 함께 일했던 많은 사람들이 스티브는 자기 생각만이 항상 옳다고 단정하는 캐릭터라며 혀를 내둘렀다. 애플의 창업 멤버였던 로널드 웨인(*잡스와 워즈니악이 각각 45%, 웨인의 10% 지분으로 창업했다.)은 한 인터뷰에서 이런 발언까지 했다.

"얼음과 스티브 잡스 중 둘 중 더 따뜻한 것을 고르라면 얼음을 선택하겠다."

우울한 지성인

웨인이 든 일화는 '애플1' 제작 중 전자 도면에 있는 레지스터, 다이오드, 커패시터 등 당연히 표기되어야 하는 기호들을 다 없애라고 한 잡스의 지시였다. 그 이유는 간단했다.

"I don't like them(그냥 싫어)."

잡스는 자신의 기대에 어긋나는 사람을 무조건 얼간이로 치부하고 가차 없이 해고했다. 분명 그는 대립적인 인물이었으며 심한 나르시시즘을 갖고 있었다. 그 특유의 기질과 고집 때문에 사람들로부터 서서히 외면받게 된 것은 어찌 보면 당연한 결과다. 불같은 성격 때문에 많은 고위급 직원이 혀를 내두르며 떠났고, 설상가상으로 애플의 핵심 엔지니어들과 경영진 사이에 갈등이 심해졌다. 공동 창업자 워즈니악도 회사를 떠나며 회사는 경영난에 처한다. 모두가 회사를 도탄에 빠뜨린 원흉은 스티브 잡스라고 비난을 퍼부었다. 1985년, 결국 그는 자신이 창업한 회사에서 쫓겨나는 수모를 겪게 된다.

세상의 손가락질을 받고 완전히 외톨이가 되었을 때 끊임없이 명상 수련을 했다. 그렇게 우울한 마음을 다스리기 위해 노력했다. 이후 새로운 회사 넥스트(NeXT)를 창업하고 픽사(Pixar)를 인수하는 등 다양한 시도를 하며 어느 정도 회생의 기미를 보이긴 했지만, 이때까지만 해도 예전의 영광에 버

금갈 만한 성과를 거두지는 못한다.

　11년의 세월이 지나고 다시 한번 기회가 찾아온다. 1996년, 당시 적자에 허덕이던 애플이 스티브에게 다시 돌아와 달라고 손을 내밀었다. 그가 복귀한 뒤 애플의 자본은 불과 2년 만에 20억 달러에서 160억 달러로 증가하는 등 기적적인 회생을 했다. 단순히 재정적으로 성공한 정도가 아니었다. 아이팟, 아이폰, 아이패드 등 혁신적인 제품을 줄줄이 개발하여 전 세계인의 생활양식을 바꾼다.

　성공 가도를 달리던 스티브는 2011년 8월 췌장암 등 기타 건강 문제로 애플 CEO직을 사임했다. 이로부터 2달이 채 지나지 않아 56세의 나이로 사망했다. 그는 나르시시스트 기업인의 대명사처럼 알려졌지만, 21세기 최고의 영향력 있는 인물로도 기억된다. 지독한 양가성과 요동치는 굴곡의 인생 서사는 분명히 많은 사람이 열광하게 하는 힘이 있다.

　고난도의 소명을 가지고 태어난 삶은 결코 만만치 않다. 근본적으로 어떤 대상을 바라보는 시선의 세팅 값이 매우 높게 설정되어 세상에 피투 되었다. 그래서 날카롭고 까다롭다. 그들의 선택도 아니었고 심지어 본인들도 그 삶이 힘들다. 강한 기운을 타고난 탓에 누구 밑에서 성실히 일하며 안정적인 삶을 영위하는 것도 매우 힘들다. 세상과 적당히 타협하는 것도 그들에겐 몇 배로 힘든 일이다. 그렇기에 결국 남들이 못하는 일을 하게 된다. 타인을 위해 까칠하다는 아이러니가 이렇게 성립된다. 직접 그 입장이 되어보지 않고서는 절대 모르는 것이라 누구의 인성이 어쩌니 하며 함부로 판단 내릴 문제가 아니다. 아무리 복잡한 방정식도 단순한 렌즈로 보면 단순하게 보일 뿐이다. 그래서 전체를 보는 눈을 길러야 한다.

히틀러를 처칠로 만드는 세상

자기 계발 및 심리 관련 콘텐츠의 동향을 살펴보면 두드러지게 많이 올라오는 주제가 나르시시즘이다. 이는 매우 부정적인 성격 특성으로 낙인찍혀 있으며 자기 도취감이 강한 사람은 위험한 인물이니 마치 처단해야 할 존재들처럼 조명된다. 하지만 어느 시대에나 그래왔듯 무분별한 이슈몰이는 마녀사냥의 단초가 된다. 어떤 성향이 비교적 강한 사람을 사회에서 제거해야 할 대상인 양 주홍 글씨를 새기는 것은 사려 깊은 발상이라고 볼 수 없다.

그뿐만 아니라 그 기준도 가변적이다. 가령 중세 사회를 기준으로 하면 현대인들의 나르시시즘의 정도가 더 높을 수도 있다. 혹은 지독한 경쟁에 물들여진 평범한 한국인은 비교적 여유가 넘치는 태평양 섬나라의 사람들 기준에서는 나르시시스트로 인식될 수도 있다.

심리학자 하인즈 코헛은 나르시시즘은 정상적이고 보편적인 인간의 자연스러운 욕구라고 결론지었다. 그렇다. 누구나 자기애는 있고 자기중심적이다. 그 성향이 강하다는 것은 교만해 보이는 특성이지만, 엄밀히 따지면 결핍된 자기애를 과잉으로 보상받고 싶어 하는 심리다. 그리고 어쩌면 그들도 피해자다.

일차적 자기애는 유아기에 부모의 역할에 따라 크게 좌우되는데, 주로 사랑, 인정, 칭찬, 공감 등으로 채워진다. 이것이 제대로 채워지지 않으면 일평생 영향을 미치게 된다. 충분한 사랑과 안정을 경험하지 못한 유아기의 경험으로 인해 내면의 안정성이 결여되고 삶을 투쟁으로 바라볼 수밖에 없다. 스티브 잡스의 경우에서 볼 수 있듯 양부모 밑에서 자라면서 충분한 안정감을 느끼지 못했다.

또 다른 기업인 일론 머스크의 경우도 학교 폭력의 피해자였다. 학교에서 늘 따돌림을 당했으며 너무 심하게 맞아 성형 수술을 할 정도로 상처를 입기도 했다. 학교에서 폭행당하고 오면 아버지에게 더욱더 야단을 맞는 것이 유년 시절의 일상이었다. 오로지 슈퍼 히어로가 되는 것을 상상하면서 그 힘든 시기를 버텼다.

무의식 속에 자리 잡은 자기혐오, 그것이 주는 강렬한 분노와 수치심을 감추기 위해 애처로운 발버둥을 치는 과정에서 나르시시즘이 비교적 과하게 자리 잡을 수 있다. 이렇게 본다면 내면의 연약함을 남에게 보이지 않으려 몸부림치는 불쌍한 사람들로 볼 수도 있지 않을까. 무엇보다도 독특하고 남의 눈치를 보지 않으며 거침없는 성격이 창조성을 극대화하는 데 큰 도움이 되었다는 사실을 간과해서는 안 된다.

그들의 비전통적인 행보는 개인의 삶이나 그들이 속한 조직, 주변인에게 불안함을 야기할 수도 있다. 하지만 그러한 거침없는 모험이 쌓이고 쌓여 결국 사회 발전의 경험과 토대를 만들기도 한다. 마치 잘 쓰면 만인을 이롭게 하지만 못 쓰면 감전되는 전기와 같은 존재들이랄까. 이처럼 같은 사안을 보더라도 인간에 대한 조금 더 깊은 이해가 있다면 비난과 구분보다는 연민과 포용의 시각으로 바라볼 수 있다.

결코 지나친 자기애를 옹호하고자 하는 취지의 글이 아니다. 다만 권력자의 독재보다 대중의 독재가 더 무섭다는 현대 사회를 주의 깊게 살펴야 한다. '인성'이라는 이름 아래 천재를 허용하지 못하고 주눅이 들게 만드는 일을 경계해야 한다. 자유로운 영혼을 지닌 천재들이 세속적인 기준에서 말하는 '인성' 좋은 사람이 되고자 노력하고 산다면, 주변 눈치 볼 것 다 보고 적당히 이것저것 다 맞춰가며 살아야 한다. 사회적 평판이 주목적이 되어버리면 그 틀로부터 일탈을 하기가 힘들어진다. 하지만 애초부터 일탈과 모험이 내 아이덴티티라고 삐죽거리고 나오는 잔가지들이 자기 일에 온전히 집중할 때 일을 저질러도 크게 저지른다. 상상을 초월하는 결과물을 세상에 내놓거나 정상 범주를 넘어버리는 일을 주도한다.

　결국 역사 속 수많은 나르시시스트가 일구어낸 진보를 향유하면서 나르시시스트는 무조건 나쁜 거라고 이분법적인 세계관에 갇히는 것은 단견이다. 그 억센 기질을 긍정적인 에너지로 풀어내기만 한다면 인류나 사회의 발전에는 크게 기여할 수 있는 인물들이다. 무엇을 악으로 규정하고 주홍글씨를 새기기보다는 전일성을 파악하고 다양한 관점을 고민하는 성숙한 사회가 된다면 '아돌프 히틀러'가 될만한 인물도 '윈스턴 처칠' 같은 인물로 만들 수 있을 것이다. 반드시 사회의 의식 수준이 받쳐줘야만 한다.

Chapter 12

우울증이 지닌 잠재적 에너지 그리고 방향 전환

윈스턴 처칠 (Winston L. Spencer Churchill)

"연은 순풍이 아니라 역풍에 가장 높이 난다."

―윈스턴 처칠

우울증이 지닌 잠재적 에너지

역사상 큰 성취를 남긴 인물 중에 유독 우울증 환자가 많았다. 단순히 작가나 예술가 등 일부 영역에만 국한되는 것도 아니다. 듀크대학교 정신과 의사들의 연구 결과에 따르면 1789년부터 1974년까지 전직 미국 대통령 37명 가운데 절반 이상이 우울증 및 기타 정신 질환을 앓았다고 한다. 그중 상당수는 재임 기간에도 끊임없이 정신적 고통을 겪었다고 분석되었다.

일반적으로 우울증을 나약한 사람이나 걸리는 병 정도로 인식할 수 있지만, 이는 잘못된 인식이다. 가령 아프리카 원주민들에게는 거의 찾아볼 수 없는 우울증이 한국이나 유럽 등 선진국에서 매우 심각한 문제라는 점만 보더라도 이를 개인의 나약함 정도로 치부할 문제가 아님을 알 수 있다. 그만큼 고도화되는 생각의 질과 우울증 간에 모종의 연관성이 있으리라는 점을 추측해 볼 수 있다. 아마도 많은 것을 더 세밀하게 알고 풍부한 감성을 가질수록 현실의 부조리한 상황에 더 민감하기 때문이 아닐까.

윈스턴 처칠은 영국의 총리를 2번 역임하고 제2차 세계대전에서 히틀러의 지배 야욕에 대항해 승리한 인물이다. 예수를 제외하고 전기(biography)가 가장 많은 인물이기도 하니 세계사의 한 획을 그은 큰 정치인이라는 것은 틀림없다. 하지만 그가 노벨 문학상을 받은 작가이자 아마추어 화가이기도 했으며, 평생 지독한 우울증에 시달렸던 인물이었다는 점은 상대적으로 덜 알려진 이면이다. 당시 주치의 기록에 따르면 처칠은 무의식적인 죽음에 대한 의지(자살 충동)를 늘 자각하고 있었다. 기차역의 철로 앞이나 건물의 발코니에 서는 것도 두려워할 정도였다. 자신의 이성조차 완전히 신뢰할 수 없었기 때문이다.

우울증을 심하게 앓을 때는 자살 충동이 일어나기 마련이다. 하지만 죽고 싶다는 마음의 심층을 잘 들여다보면 사실상 살고 싶다는 강한 의지의 역설적 반응이기도 하다. 어떤 이유에서건 현실이 따라와 주질 않으니, 이상과 현실에 큰 괴리가 생기고 마음이 고통스럽다. 즉 뒤집어 보면 무언가를 이루고자 하는 동력의 씨앗이 그만큼 원대할수록 그에 상응할 만한 심적 고통도 따라온다. 다소 혼란스러운 개념이지만, 심층적으로 볼 때는 무언가를 개선하고자 하는 열망이 그 누구보다 강하다는 뜻이 될 수도 있다. 분노나 열등감을 잘 다루면 성장의 도구가 된다는 것은 누구나 다 아는 소리다. 우울증의 본질도 다르지 않다. 어두운 것에 예민하게 반응하던 사람이 그 강한 네거티브 에너지를 밝은 면에 쏟을 때 세상을 바꾸는 기적이 일

우울한 지성인

어나기도 한다.

예술가의 면모를 보였던 정치인, 처칠의 일생

윈스턴 처칠의 생전 영상을 보면 그르렁거리는 듯한 특유의 발성을 볼 수 있는데 마치 한 마리의 호랑이를 연상시킨다. 그토록 강인한 카리스마를 내뿜었던 사람이 일생 동안 우울증과 사투를 벌였다면 그 이유가 뭘까 더욱 궁금해진다.

처칠의 할아버지는 아일랜드 총독이었고, 아버지는 영국의 재무장관이었다. 외할아버지는 당시 뉴욕 타임스 주식을 절반 소유한 미국의 백만장자였다. 영국 전통 명문 가문과 미국 신흥 부자 가문의 결합이었으니 그야말로 최고 명문가 집안에서 태어난 귀족 자제였다. 하지만 모든 것이 행복한 유년 시절은 아니었다. 아버지는 정치, 어머니는 사교 모임으로 항상 바빴고, 부모님의 얼굴을 보기도 힘들었다. 어린 아들이 어머니 얼굴을 보고 싶다고 요청할 때도 바쁘다는 핑계로 이를 들어주지 않을 정도였다. 훗날 처칠은 평생 아버지와 제대로 대화를 한 적이 딱 2번 있었다고 회고했다.

부모의 관심과 사랑을 전혀 받지 못했던 그를 돌봐주었던 것은 유모 엘리자베스였다. 그녀는 정성을 다해 처칠을 돌보았고, 둘 사이에 깊은 정이 쌓였다. 나중에 엘리자베스가 해고당했을 때 처칠은 부모를 크게 원망했다. 장성한 후에도 엘리자베스 부인에게 매달 돈을 송금할 정도로 그녀를 극진히 모셨다. 부인의 죽음을 접했을 때는 친어머니의 죽음보다도 더 슬퍼했을 정도니, 부모와의 유대관계는 매우 적었음을 유추할 수 있다.

하지만 아무리 유모의 보살핌이 있어도 부모의 관심과 사랑에 비할 수는 없었을 것이다. 일종의 애정 결핍이 있었던 것일까, 학창 시절 그는 최고의 트러블메이커였다. 생활기록부에 따르면 잦은 지각 등 품행이 매우 나쁘고 학습 의욕이 없으며 친구들과 자주 싸운다는 기록이 있다. 실제로 성적도 하위권이었다. 다만 그가 자신이 있던 과목이 몇 있었는데, 영어와 역사, 지리였다. 전형적으로 문과형 두뇌였고 수학 등의 이과 과목은 극도로 싫어했다. (니체와 쇼펜하우어도 수학을 혐오했다.) 그리고 하기 싫은 것은 누가 뭐라고 하든 하지 않는 고집이 있었다.

아버지는 그가 학문적으로는 성공하기 힘들다고 판단했고 차라리 군인이 되기를 권유했다. 고등학교를 졸업한 처칠은 삼수 끝에 샌드허스트 육군사관학교에 입학했다. 전반적인 성적이 좋지는 않았지만, 문학과 역사 두 과목에서 두각을 드러내 간신히 입학할 수 있었다. 이제야 제 적성을 찾은 것일까, 사관학교에서는 중대장 생도를 역임하는 등 리더십이 드러났다. 공부도 게을리하지 않아 매우 우수한 성적으로 사관학교를 졸업했다.

장교로 임관한 뒤 역사와 정치 관련 도서를 집중적으로 읽고 책을 쓰기 시작했다. 그러던 중 남아프리카 보어전쟁에 참전하게 되는데 이때 그의 인생이 바뀌는 사건이 발생한다. 전쟁 포로가 되었다가 탈출하여 영국 언론의 큰 주목을 받게 된 것이다. 이때 얻은 유명세와 부모님의 인맥을 이용하여 26세의 나이에 정계에 입문한다. 이후 32세에 통상 장관, 37세에 해군 장관 등을 역임하며 젊은 나이에 승승장구했다.

하지만 인생 최대 위기가 찾아온다. 제1차 세계대전 당시 영국의 해군 장관이던 처칠은 역사상 최악의 작전이라 불리는 갈리폴리 전투를 지휘한다. 해당 파병 계획은 당시 육군은 물론 해군 수뇌부도 반대하던 사안이었다. 처칠이 억지스럽게 밀어붙인 작전의 결과는 참혹했다. 25만 명의 희생자가 발생했고 이로 인해 처칠은 엄청난 죄책감에 시달린다. 여기저기서 온갖 비난을 받던 그는 결국 모든 직책에서 물러났고 원래 있던 우울증은 더욱 극심해진다. 심각한 자살 충동에 시달렸고 술과 시가에 의존했다.

처칠의 우울증을 조금이나 덜어준 것은 그림이었다. 이때부터 약 10년간이 그가 말하는 광야의 시기(Wilderness years)였고, 본격적으로 그림에 몰두하며 예술가의 면모를 보인다. 단순한 취미 정도가 아니었다. "천국에 가서 백만 년 동안은 그림만 그리고 싶다."라고 말할 정도로 그림에 애정을 보였다. 특히 인상파 풍의 풍경화를 잘 그렸는데 피카소에게 평생 그림으로도 충분히 먹고살 만하다는 평가를 받았을 정도로 실력도 출중했다.

분명 그림이 도움이 되었지만, 우울증이 완전히 사라지지는 않았다. 그는 자신의 우울증을 검은 개(black dog)라 불렀다. 굳이 이렇게 명칭을 붙인 것은 우울증을 제삼자의 관점에서 보고 최대한 객관화시켜 보려는 처절한 노력의 일환이자 운명을 끌어안겠다는 의지였다.

어쩌면 이와 같은 시련은 위기 상황을 이끌 지도자가 되기 위한 준비이기도 했다. 처칠은 1930년부터 히틀러의 급부상과 반유대주의적 공격성을 예의 주시하고 있었다. 결국 3년 뒤 히틀러는 독일의 총통이 되고 처칠은 그 상황을 극도로 경계했다. 당시 영국의 총리 네빌 체임벌린이 히틀러에게 유화정책을 펼칠 때 처칠은 끊임없이 히틀러의 야망과 시커먼 속을 경고했다. 뮌헨 평화 협정을 비판하며 전쟁을 준비해야 한다고 외쳤다. 하지만 아무도 그의 말을 듣지 않았다. 제1차 세계대전 이후 전쟁에 지친 영국은 불가침 조약에 의존해서라도 평화를 유지하고자 했다. 처칠은 전쟁광으로 손가락질받았다. 이때까지만 하더라도 완전히 실패한 정치인이었다.

결국 본색을 드러낸 히틀러가 외교 기만이었던 협정을 파기한 뒤 전쟁을 일으킨다. 그제야 처칠이 옳았다는 여론이 형성된다. 결국 영국은 다시 처칠에게 매달리기 시작한다. 그는 다시 해군 장관으로 복귀하고 얼마 후 영

우울한 지성인

국 총리직에 오른다. 제2차 세계대전이 본격화되었을 당시에 독일은 파죽지세였다. 프랑스의 필리프 페텡 총리는 그 기세에 눌려 제대로 싸우지도 않고 항복했다.

처칠은 전쟁이 한창일 때도 극심한 우울증에 시달렸고 매일 밤 침대에서 울었을 정도로 고통스러워했다. (링컨이 그러했듯이) 하지만 그는 무너지지 않았다. 우울의 그림자가 온 정신을 뒤덮을 때마다 그림과 글쓰기로 그 에너지를 승화시키며 꿋꿋이 버텼다.

당시 미국은 유럽에서 일어난 난리 통에 개입하지 않고 중립을 고수하고 있었다. 처칠은 루즈 벨트 대통령에게 약 1,100통의 편지를 보내는 등의 지극정성으로 결국 미국의 마음을 움직인다. 결국 미국이 연합군을 지원하면서 전쟁의 양상은 급변한다. 처칠의 선구안적 안목과 뛰어난 리더십은 결국 연합군의 승리를 끌어냈다.

이후 총리직에서 물러난 그는 집필활동을 이어 나가고 1953년, 79세의 나이에 노벨 문학상을 수상한다. 학창 시절 트러블 메이커로 낙인찍혔던 소년이 훗날 인류의 역사를 바꾼 위대한 정치인이 되었고, 동시에 작가로서도 최고의 영예를 안았다.

지독한 우울증의 늪에 빠진 상황은 악마와 함께 춤을 추는 과정이다. 진정한 즐거움과 희망을 느낄 수 없으며 홀로 뚫을 수 없는 감옥에 갇힌 느낌을 마주하게 된다. 하지만 아이러니하게도 많은 학자가 처칠이 히틀러를 이긴 근본 힘은 우울증이라고 말한다. 처칠은 일생동안 자기 내면에 있는 거대한 악마와 끊임없이 싸우며 살았다. 내면의 어두움에 굴복하지 않고 악착같이 버티며 단련된 그 내공이 결국 큰일을 해내게 한 원동력이었다. 프랑스의 페텡 총리가 '이성적인 판단'하에 나라를 통째로 내주었다면, 영국의 처칠은 악과 깡으로 히틀러를 이겼다.

방향 전환의 힘

Stability AI의 창업자 에마드 모스타크가 한 인터뷰에서 흥미로운 질문을 던졌다.

"내일 아침에 일어났는데 모든 사람이 자기 자신에게 진정으로 행복감을 느낄 경우, 얼마나 많은 기업들이 망할까요?"

우리가 불안과 우울을 먹고 자라는 세상에서 살고 있음을 상기해 보게 된다. 상실감, 결핍감, 피해의식, 경쟁, 불안, 소외, 자책, 분노, 상처 등 그 원인이 무엇이든 우울증은 사람을 주저앉힌다. 얼핏 겉으로 보기에 아무런 이유 없는 불행도 있다. 주변 상황이 비교적 만족스러움에도 불구하고 알

우울한 지성인

수 없이 우울함이 지속된다. 세상 모든 것에 무가치함을 느끼고 지독한 무기력을 경험하게 되며 세상만사가 귀찮고 흥미가 없다.

온갖 자기 계발 및 심리 관련 콘텐츠는 긍정적인 마인드를 강조하지만, 부정적인 생각의 에너지가 계속 힘을 받을 때는 도무지 어쩔 방법이 없다. 회피하려 하면 할수록 그 에너지는 더욱더 심해져 빠져나갈 틈이 없어 보인다. 그렇다면 정녕 방법이 없는 것인가? 괴테의 『파우스트』에 나오는 한 구절을 곱씹어 본다.

"어두운 충동에 사로잡힌 선한 인간은 바른길을 잘 의식하고 있다."

매우 깊은 통찰이 한 문장에 함축된 만큼, 단박에 그 의미를 파악하기가 쉽지 않다. 쉽고 직관적인 비유를 하나 들어보면 어떨까. 건물을 높이 올리고자 한다면 그만큼 더 깊이 땅을 파야 하는 원리를 떠올려 볼 수 있겠다. 높은 수준의 사랑과 자비의 마음 상태에 도달할 수 있으려면 역시 세상의 가장 깊은 어두움의 뿌리까지 느끼고 그 감정을 체험해 봐야 한다. 그릇이 커지는 데는 방향성이 없기 때문이다.

우리의 무의식 심연에는 긍정적인 측면도 있지만, 부정적 감정의 뿌리도 매우 깊고 광범위하다. 그만큼 본인의 깊은 내면세계에 투명하고 솔직하게 직면할수록 무의식에 억눌린 병적인 요소와 그 근원을 누구보다 잘 이해하게 된다. 내면의 어두움에 직면하고 이를 풀어내는 고된 과정을 거치면서 조금씩 구름이 걷힌다. 가려져 있던 내면의 빛을 인식하고 사랑과 연민의 에너지가 서서히 확대되어 감을 느낄 수 있다.

만약 여기까지의 흐름을 잘 따라왔다면 우울증이나 기타 정신적 고통을 단순히 부정적인 개념으로만 인식할 것이 아니라는 감을 잡을 수 있게 된다. 오히려 진실하고 높은 차원의 바름(사회가 정한 기준이 아닌)을 인식하는 사람이기에, 무의식 차원에서 자발적으로 어두움을 맞닥뜨리고 자기 정화의 과정을 선택할 수 있다. 이제 위의 『파우스트』 구절을 다시 읽어보면 조금 다르게 다가올 수 있다.

미국의 임상심리학자 라라 호노스 웹이 쓴 책 『우울증이 주는 선물』에는 저자가 수만 명의 환자와 그들의 삶을 수십 년간 유심히 관찰한 결과가 녹아있다. 우울증이 정신적 진전에 따라오는 과도기적 성장통이며 엄밀히 따지면 '하늘이 내린 축복'이라는 시각이 잘 드러난다. 정신의학자 데이비드 번즈의 책 『필링 그레이트』에서도 유사한 관점을 볼 수 있다. 우울증이나 불안 장애를 더 깊이 심층적으로 파고 들어가 보면 사실상 가장 놀랍고 아름다운 삶의 표현이라고 말한다. 꽤 많은 학자들이 정신적 환란은 새로운 사람으로 다시 태어나기 위해 반드시 직면해야 할 과도기적 긴장 상태이니

우울한 지성인

오히려 축하해야 할 일이라는 발언을 하고 있다.

물론 이 내용이 일반적인 상식을 뒤집기에 쉽게 받아들일 수 있는 내용은 아니다. 굳이 비유를 들어보자면 밀폐된 용기에 가득 담긴 연기를 떠올려 볼 수 있겠다. 연기가 단단히 밀봉되어 있을 때는 겉으로 드러나지 않는다. 하지만 뚜껑을 열면 그 연기를 지각할 수 있게 된다. 겉으로 표현되어 드러나는 것이며, 오직 그 과정을 통해서만이 숨겨져 있던 연기가 사라질 수 있게 된다. 즉 우울증이 '선물'이라는 표현은 뚜껑을 열고 내면의 깊은 연기를 마주하는 것이 오히려 용기 안을 깨끗이 정화할 절호의 기회라는 매우 근원적인 통찰에서 나왔다. 파멜라 크리베의 저서 『예수아 채널링』에서는 그 과정을 이렇게 표현한다.

"이 모든 부정적 에너지가 여러분의 의식 속으로 들어오는 것은 좋은 징조, 발전의 징조입니다. 그것은 여러분이 시험을 통과할 수 있을 만큼 강해졌음을 뜻합니다."

다만 차이점은 연기 정화는 수 초가 걸리지만, 내면 정화는 수년 혹은 그 이상이 걸릴 수도 있다. 그 과정이 지난하고 아프기 때문에 부정적인 개념으로 인식되지만, 사실상 자기 자신을 2.0버전으로 만들기 위한 필연적인 과정이다.

내면 정화가 어느 정도 된 이후 그전에는 몰랐던 자신의 잠재력을 어렴 풋이 또는 선명하게 인식하는 단계가 찾아올 수도 있다. 기업인이자 베스트셀러 작가인 그랜드 카돈은 빈털터리 마약 중독자의 삶에서 8,000억대 자산가로 극적인 삶의 변화를 겪은 인물이다. 그가 마약 중독자가 된 것은 기본적으로 집착 성향이 너무 강해서이며 그것이 젊은 시절 그를 파멸로 몰았다. 하지만 그는 성공하기 위해 그 집착 성향을 없앤 것이 아니다. 오히려 자신이 가지고 있는 강한 집착 성향을 그대로 유지한 채 방향만 전환시켰다. 마약과 부정성에 집착했던 것을 성공과 긍정성에 대한 집착으로 바꾸었다.

우울증의 원인이 되었던 집착 성향이 알고 보니 보물이었다는 것을 깨닫고 자존감 상승의 동력으로 역이용한 셈이다. 본질이 바뀐 것은 없다. 그저 대상을 보는 방향성만 틀어 새로운 인식을 했을 뿐이다. 윈스턴 처칠의 성공 동력이 우울증이었다는 전문가들의 말도 이와 유사한 로직이다. 즉 아무리 부정적 에너지라도 강한 기운은 강한 기운이라는 것이 포인트다.

수십만 년 전부터 체계가 잡힌 심신의 조화와 균형이 근현대 사회의 가파른 변화를 따라가지 못하는 것은 지극히 자연스럽다. 이에 부조리의 감정을 느끼는 것도 당연하다. 감정이 극한으로 소모되기 쉬운 현대 사회에서 마치 아무 일 없는 듯 잘 버티고 잘 참고 살아가는 것이 건강하다거나 혹은 알파적 요소를 갖춘 사람이라는 지극히 무지한 착각이다. 오히려 반대로 이상한 것을 이상하다고 인정하고 충분히 느껴주는 사람들이야말로 진실되고 용기 있는 사람들이다.

물론 그렇다고 우울함에 우월감을 느끼라는 것은 아니다. 어디까지나 우울한 건 우울한 것이며 확실히 내면의 불균형은 맞다. 하지만 그 불균형의 근본 원인을 따지자면 내적 에너지의 과도함에서 오는 혼란을 감당하지 못하는 것이고, 그만큼 인화성이 강하다는 뜻이다. 방향 전환에만 성공한다면 그만큼 더 큰 동력이 될 수 있다는 의미다.

우울한 지성인

Chapter 13
천재를 알아보려면 천재가 필요하다

찰스 다윈 (Charles Robert Darwin)

"지식보다 더 큰 자신감을 낳는 것이 있다. 그것은 바로 무지이다."

-찰스 다윈

천재를 알아보려면 천재가 필요하다

글로벌 싱크탱크 소피아 뱅크의 설립자 다사카 히로시는 저서 『슈퍼 제너럴리스트』에서 이런 질문을 던진다.

"어째서 고학력자에게서 깊은 지성을 느낄 수 없을까?"

사람들은 대개 무언가가 눈에 보이게 입증되고 수학적, 과학적으로 딱 맞아떨어져야만 믿는다. 이러한 경향은 르네 데카르트나 프랜시스 베이컨 등 기계적으로 세상을 바라보는 일부 사상가들의 영향을 통해 더욱 공고해졌다. 딱 떨어지게 증명되는 것이 받아들이기 쉽고, 그러니 쉽게 퍼질 수도 있다.

우리 사회가 말하는 '천재'라는 개념도 일반적으로 대상이나 지식의 경계를 정해놓고 습득하는 방식에 탁월한 사람을 뜻한다. 혹은 사회적 기준에서 말하는 엘리트와 천재라는 용어가 혼동되어 쓰이는 경우도 많다. 물론 교집합에 속하는 경우도 있지만, 그 확률이 생각보다 높지는 않다.

독일의 정신의학자 빌헬름 랑에 아이히바움은 수백 명의 천재를 대상으로 연구를 한 인물이다. 그중 특히 '천재 중의 천재'라고 할 만한 인물 78명을 연구한 결과 37%가 정신병자, 83%가 정신병 질적인 사람이었다고 밝혔다. 이처럼 진짜 천재의 특성은 일반적인 개념과는 조금 다를 수 있다. 우선 그 '정신병'이 무엇을 기준으로 한 판단인가부터 의문을 제기해야 하겠지만, 어쨌든 결론은 하나다. 강한 독창성을 지니고 모순을 잘 짚어내는 천재들의 예리한 눈은 좋은 학생, 좋은 일꾼을 양성하기 위한 사회의 톱니바퀴에 상충하는 경우가 많다.

당장 이 책에 언급되는 인물들만 보더라도, 그들의 독특함이 힘든 삶의 여정으로 연결되었음을 충분히 목도했다. 진화론의 찰스 다윈도 마찬가지였다. 학창 시절 학교 선생님들께 게으르다고 혼나기 일쑤였고, 집안에서도 트러블 메이커였다. 아버지는 동물과 곤충을 좋아하는 아들을 항상 가문의 수치라고 구박했다. 그가 훌륭한 지성인이 될 씨앗을 지닌 천재라는 것을 일찍이 알아봤던 사람은 없었다.

세속적인 기준에서 '잘 살고자' 한다면 정규 분포 곡선 내에서 행동하는 것이 확실히 유리하다. 그래야 무탈하게 무리 속에 섞일 수 있다. 하지만

우울한 지성인

내적 기운이 아주 강한 사람은 이것이 힘들다. 현실과 타협하는 것이 어렵고 이로 인해 수많은 오해의 눈초리를 감내해야 한다. 신성권 작가의 저서 『천재, 빛나거나 미쳤거나』에 나오는 한 대목이 눈길을 끈다.

"천재들은 가족이나 친구들에게조차 몰이해의 대상이었다. 세상이 정신적 위대함을 알아보기까지는 상당한 시간이 소요되기 때문이다."

이 책의 작가는 천재의 의미는 물론, 높은 정신적 지능을 타고난 것이 얼마나 무거운 짐인지도 정확히 파악했다. 천재들이 어떤 큰 그림을 그리더라도 대중의 인식 범위를 넘어섰기에 알아보기 힘들다. 가령 보통 사람들의 눈에는 말도 안 되거나, 이랬다저랬다 하는 듯이 보일 수도 있다. 그 로직과 생각의 흐름을 못 따라가기 때문이다.

천재가 오해와 역경을 이기고 결국 큰 역사적 과업을 달성하는 데 성공한 소수의 케이스도 있다. 하지만 대부분의 경우는 그렇지 못하다. 현실은 오해만 받을 뿐 빛을 보지 못하는 경우가 더 많다. 세계적인 경제학자이자 사상가인 제레미 리프킨은 이렇게 말한다.

"천재를 알아보려면 그에 상응하는 존재가 필요하다."

망상에 가깝지만, 망상은 아닌 그 아슬아슬한 선을 구별하는 것은 아무나 할 수 없다. 그 진가를 알아보는 데는 최소한 천재에 준하는 이가 반드시 필요하다.

가문의 수치에서 혁명적 사상가로, 다윈의 일생

인류의 3대 의식혁명은 코페르니쿠스의 지동설, 프로이트의 무의식 그리고 찰스 다윈의 진화론으로 꼽는다. 다윈의 집안 내력을 살펴보면 세계관을 뒤집었던 그의 연구가 단순한 우연이 아니었음이 짐작된다. 그의 조부는 의사였는데, 당시 영국의 국왕 조지 3세의 주치의가 되어달라는 요청을 거부한 인물이다. 또한 신분을 철저하게 가르는 종교의 위선을 지적하며 주류 기독교 세력을 비판하기도 했다. 당시 시대 상황 기준으로는 매우 대찬 행보였고 실제로 이에 따른 불이익도 감수했던 인물이다. 세상의 지배 논리에 휘둘리지 않는 그 대쪽 같은 성격이 손자에게 그대로 이어진 듯 보인다.

찰스 다윈은 1809년 영국 슈루즈베리에서 태어났다. 아버지는 의사였고 매우 엄했다. 다윈이 7살이 되던 해 어머니가 돌아가셨다. 큰 충격을 받은 아버지는 자녀들이 어머니라는 단어조차 언급하지 못하게 단속했다. 형제자매 모두가 어머니를 제대로 그리워하지도 못할 정도로 억눌린 집안 분위기였다. 그래서 다윈에게 어머니에 대한 기억은 거의 남아 있지 않았다.

학교생활도 평탄하지 못했다. 암기 위주의 교육과는 전혀 맞지 않아 수업 시간에 제대로 집중하지 못했다. 자연스레 성적은 나빴고 선생님들에게도 꾸중을 듣기 일쑤였다. 세상의 멸시와 오해 속에서 스스로가 이상한 사람은 아닌지 끊임없이 자문해야 했다.

10대 중반 무렵, 아버지는 곤충 채집이나 새 사냥 등에 빠져 있는 아들을 그대로 두어서는 안 되겠다고 생각했다. 다윈에게 자기 일을 돕도록(의무 보조) 했고, 몇 달 후 에든버러 대학교 의학과에 입학시킨다. 다윈은 아버지의 뜻을 따라 의대에 진학했지만, 도저히 적성에 맞지 않았다. 결국 2년을 채 못 버티고 자퇴하고 만다. 다윈이 고향에 돌아왔을 때, 아버지는 그를 가문의 수치로 여겼다.

얼마 뒤 다시 신학 대학에 입학하지만, 여기서도 온전히 적응하지 못한다. 전공과목보다는 오히려 곤충학, 식물학, 광물학 등의 학문에 관심을 가지고 깊이 파고들기 시작한다. 정신의학자 마이클 피츠제럴드 교수는 다윈의 일대기를 연구하며 당시 그가 아스퍼거 증후군을 앓고 있었다고 보았다. 사회적 기대와 전혀 상관없이 본인이 관심 있는 분야에만 고도의 집중력을 보이는 경향이 두드러졌기 때문이다.

우연한 계기로 식물학 강의를 하던 존 헨슬로 교수가 다윈의 자질을 알아본다. 헨슬로 교수는 다윈이 지질학을 배우면 훌륭한 학자가 될 것이라고 직감했고 전폭적인 지원을 아끼지 않는다. 이러한 인연이 결국 훗날 세상의 큰 변화를 불러오는 씨앗이 된다. 당시 영국 해군은 탐험선을 세계 각지로 파견하여 수로 및 지질 등 여러 가지 연구를 진행했다. 다윈은 헨슬로 교수의 추천으로 해군 탐험선 'HMS 비글호'에 동승할 기회를 얻었다.

아버지의 반대가 심했지만, 그는 배를 타고 다니며 세계를 보고 싶다는 욕망이 있었다. 자극되는 호기심을 거부하지 못하는 천재의 모험은 그렇게 시작되었다. 22세에 승선하여 27세가 되기까지 약 5년간의 항해기간 동안 세계 일주를 하며 수많은 동, 식물을 채집한다. 그 와중에도 정신적 천재들에게서 흔히 보이는 넓은 범주의 공감능력이 드러났다. 전 세계 곳곳에서 백인이 흑인을 노예로 삼는 문화를 보며 격분할 정도로 인류애를 보인 점이다.

하선 후 『비글호 항해기』를 출간하여 큰 인기를 얻게 되지만, 그 이후의 행보도 평범하지 않다. 이미 유명 인사가 되었음에도 수년간 집에만 틀어박혀 나오지 않는 은둔 생활을 했다. 사회적 고립이 천재성을 촉진하는 매개체가 될 수 있다는 아이러니한 측면이 이 대목에서도 드러난다.

당시 진화론도 이미 틀이 잡힌 상태였지만, 『종의 기원』이 출간된 것은

우울한 지성인

원정에서 돌아온 뒤 약 20년 후이다. 이는 엄청난 고민을 했다는 방증이다. 큰 사회적 파장이 고려되었기에 함부로 출간을 할 수 없었고, 증거를 더 모으고 완벽한 확신을 가질 때까지 기다린 시간이었다. 실제로 찰스 다윈을 다룬 BBC 다큐멘터리를 보면『종의 기원』출판 후 과학계뿐만이 아니라 유럽 전체가 발칵 뒤집어졌다는 코멘트를 볼 수 있다. 얼마나 큰 충격파였는지 간접적으로 전달된다.

그는 과학자라는 범주에 딱 들어가는 인물이 아니었다. 혁명적 사상가였다. 틀 자체를 바꾸려고 하거나 혹은 최소한 균열이라도 일으키려고 덤비는 천재였다. 어쩌면 고단한 삶은 숙명과도 같았다. 병약한 몸 때문에 집필 활동은 너무나도 힘든 고역이었다. 하루에 몇 시간을 토하고 앓아누우면서도 불굴의 의지로 작업을 이어 나갔다. 다윈의 공헌으로 진화 이론은 현대 과학의 중요한 토대가 되었다.

고도의 사유 능력을 소유한 자들

17세기를 대표하는 철학자 바뤼흐 스피노자의 삶은 아픔의 연속이었다. 특출한 정신적 사유 능력을 타고난 죄(?)로, 사회로부터 철저히 매장당했다. 그의 모든 저서는 교회의 금서 목록에 올랐고 저주의 파문 선고를 받았다. 그와 인간관계를 유지하는 것만으로도 손가락질받는 가혹한 세상에서 어렵게 홀로 생계를 이어가며 살았다. 스피노자의 철학은 미래 세대의 지성인들에 의해 빛을 보게 되었으며 현대에 들어서는 역사상 가장 위대한 철학자 중 한 명으로 꼽힌다. 스피노자는 인간의 지각 능력을 크게 세 가지 층위로 구분한다.

1. 속견의 단계 – 가장 낮은 단계로 풍문이나 감각에 기초를 둔다. 포괄성이 없는 낮은 수준의 인식이며 세상의 복잡성과 유기성을 전혀 이해하지 못한다.
2. 이성적 지식의 단계 – 특정 학문이나 기술 등 사물의 속성을 적합하게 반영하는 개념을 이해한다. 흔히 공부를 많이 한 개념 따위가 이성적 지식이 높은 것으로 이해할 수 있다.
3. 직관지의 단계 – 모든 존재와 세상에 대한 포괄적 지식이다. 사물의 보편적 특징은 물론 그것이 전체의 인과적 질서에서 차지하는 위치와 의미까지 한눈에 파악한다.

스피노자가 이런 취지의 통찰을 한 이유는 자명하다. 대다수의 비지식인은 1단계에 속하며, 비교적 소수의 지식인은 2단계에 속한다. 그리고 극소수의 인간 유형만이 3단계에 속한다. 그렇기에 2단계에 속하는 사람이 대개 사회에서 엘리트의 위치를 차지하고, 1단계에 속하는 사람들이 '평범함'

우울한 지성인

의 기준이 된다. 3단계에 있는 사람들은 보통 극과 극의 운명으로 갈린다. 이상한 사람 또는 시대적 천재로 인생이 나뉘는 경우도 있고, 혹은 이상한 사람 취급을 받다가 말년이나 사후에 천재로 재조명받는 경우도 흔하다.

한마디로 스피노자의 입장에서 2단계에 머무는 사람은 전혀 스마트한 인간 유형이 아니다. 결국 그 말이 하고 싶었던 것이다. 니체나 쇼펜하우어 같은 천재들이 목이 터져라 외치던 포인트도 정확히 그 지점이다. 가령 쇼펜하우어의 입장에서 헤겔은 '2단계의 선두에 선 인간' 정도였다. 그래서 대다수의 사람이 헤겔을 찬양할 때도 자신만큼은 도저히 인정할 수가 없었던 것이다. 온 세상이 모르는데 오직 자신의 눈에만 보이는 그 차이가 답답할 따름이었다.

인간의 뇌는 생물학적으로 내적 변화에 두려움과 귀찮은 감정을 느끼도록 설계가 되어 있기 때문에 각자의 인생에서 보고 듣고 배운 것으로 형성된 좁은 관념의 세상을 살아간다. 이를 넘어서서 한 차원 높은 시선을 가지기란 매우 어렵다. 그러나 천재들은 그 관념의 한계를 지속해서 뛰어넘기 때문에 그들의 언행은 동시대와 모순되기 쉽다. 세상과의 관계에서 본질적으로 마찰이 생기고 상당한 수준의 몰이해 과정을 거친다. 그래서 천재를 이해하려면 반드시 이를 알아보는 눈부터 갖추어야 한다.

전통적 개념의 엘리트는 천재를 알아본다기보다는 오히려 천재의 가장 큰 적이다. 객관적인 지표나 스펙 등을 중요시하는 그들의 눈에 천재적인 발상은 궤변으로 들리기 쉽다. 그리고 그들은 본인들의 좁은 기준에 근거하여 일탈하는 자들을 도태시켜 버릴 사회적인 지위와 인적 네트워크도 탄탄하다.

물리학자 막스 플랑크의 가장 위대한 2가지의 발견은 양자 이론과 아인슈타인이라는 말이 있다. 당시 특허청 공무원 생활을 하던 아인슈타인이 논문을 발표했을 때 아무도 알아주지 않았다. 그러나 막스 플랑크가 우연히 그 논문을 읽다가 진가를 알아보게 되고 아인슈타인이 물리학계로 진출할 수 있도록 전폭적인 지지를 해주었다.

이 외에도 천재가 천재를 알아본 역사적 케이스는 많다. 사르트르가 알베르 카뮈의 문학적 재능을 알아봤고, 러스킨이 천재 화가 윌리엄 터너의 재능을 알아봤다. 우리나라의 경우도 다르지 않다. 마광수 교수는 시인 윤동주가 세상의 빛을 보도록 노력했고, 이어령 박사가 시인 이상을 세상에 널리 알리는 역할을 했다. 이와 같은 위대한 조력이 없었다면 지금 우리가 그 이름들을 몰랐을 수도 있다.

스티브 잡스의 유명한 명언 중 "Stay hungry, Stay foolish."라는 문장이 있다. 여기서 말하는 "바보처럼 살아라"의 의미는 당연히 문자 그대로 바

우울한 지성인

보로 살라는 것이 아니다. 부모나 선생님이 시키는 것, 사회가 요구하는 것 등 틀에 박힌 것만 하거나 정해진 길을 따라만 갈 수밖에 없는 사람을 천재라고 하는 것이 세상이라면, 그냥 차라리 바보가 되는 게 낫다는 의미다. 결국 본인만의 고유성, 독창성을 발견하고 자신만의 방식으로 세상에 가지고 들어와서 빛을 내는 작업을 하라는 메시지다.

그러나 그 과정은 험난하다. 그래서 지성인이라면 대중의 인식 범위를 벗어난 존재를 알아볼 탁월한 안목부터 가져야 하고, 나아가 숨어 있는 진주를 발견하여 세상의 빛을 보도록 도와줄 의무가 있다. 정해진 길밖에 인식하지 못하는 전통적인 엘리트는 그런 지혜와 안목이 부족하다.

우울한 지성인

요한 볼프강 폰 괴테 (Johann Wolfgang von Goethe)

"만약 신이 다른 나를 원했다면, 신은 나를 다르게 창조했을 것이다."

-요한 볼프강 폰 괴테

적극적으로 방황하는 삶

다음은 독일의 대문호 괴테의 역작 『파우스트』에 나오는 유명한 문장이다.

"인간은 노력하는 한 방황하기 마련이다."

자신만의 이야기로 세상에 존재하려면 방황은 필수라는 이야기다. 보통의 경우 인간은 힘들고 어려울 것 같으면 시작도 안 하거나 혹은 중도에 포기한다. 간혹 무언가에 도전해서 성공하기도 하지만 이내 그 자리에서 안주하고 만다. 하지만 전인미답의 길을 추구하는 인간이라면 한평생 살면서 새로운 생각과 도전을 멈추지 않는다. 사고의 벽을 깨고 또 깨고, 다시 그것을 넘어섬을 반복하며 이를 행동으로 옮긴다.

이러한 과정에서 시행착오와 방황이 뒤따르는 것은 당연하다. 즉 방황하는 인간이란 도전하는 인간이며 이러한 삶을 추구함에 있어 어느 정도 혼란이 동반될 수밖에 없다. 그러나 그 혼란은 결코 실패가 아니다. 영화를 감상할 때 주인공이 고난을 겪는 와중에 정지하고 그것을 실패라고 여길 수는 없다.

흔히 세상은 정해진 길로 가지 않고 자기가 원하는 것을 위해 모험을 감수하는 사람을 이단아로 낙인찍는다. 하지만 잘 살펴보면 그들은 사회 부적응자가 아니라 오히려 목적의식이 뚜렷한 사람이며 자기 자신을 누구보다 잘 아는 사람들이다. 세상일이라는 것이 근본적으로 모든 것이 원인과 결과 즉 인과로 이루어져 있다. 하지만 정확히 따지면 비선형적 인과이다. 그 관계가 한 방향이 아닌 양방향으로서 서로 영향을 주고 있는 형태다.

타고난 모험가들은 본능적으로 이 원리를 알고 있다. 이미 자신의 미래가 확정되어 있다는 느낌을 먼저 받고 그 퍼즐을 맞추기 위해 필요한 일을 찾아서 한다는 느낌이다. 위험에 노출되기를 꺼리지 않는 비범한 모험가 정신이 여기서 나오며 이는 동서고금 영웅 서사의 가장 중요한 필수 조건이기도 하다. 물론 그 길이 쉽지는 않다. 괴테는 죽기 몇 년 전 이런 말을 남겼다.

"천재적인 사람들은 여러 번 되풀이해서 사춘기를 겪는다."

그만큼 강한 내면 에너지를 가지고 있기에 자아 정체감의 위기를 여러

우울한 지성인

번 겪는다는 의미로 다가온다. 종잡을 수 없고 주체하기 힘든 센 기운 탓에 도전과 방황을 지시하는 운명을 거부하지 못한다. 결국 인생을 더 깊고 진하게 느낀다. 모험가 괴테의 문학에 깊은 정신적 사유와 진실한 인간상이 녹아있을 수 있었던 이유다.

천재였기에 느꼈던 세상과의 이질감, 괴테의 일생

독일에서 괴테의 위상이나 영향력은 상상을 초월한다. 아인슈타인은 괴테가 역사상 가장 똑똑한 인물이었다고 극찬했다. 유아독존의 대명사 니체도 괴테만큼은 존경했다.

> "이제껏 괴테만큼 높은 경지에 다다른 인간이 있었던가? 괴테를 뛰어넘는다는 것은 꿈에도 생각지 못할 일이다."

괴테의 사상은 수많은 작가와 철학자들에게 영향력을 미쳤고, 모차르트, 슈만, 베토벤, 슈베르트, 바그너 등 최고의 음악가들도 그의 작품에서 영감을 얻어 작곡한 바 있다. 그야말로 유럽 문화의 저수지 역할을 한 대문호다.

요한 볼프강 폰 괴테는 1710년, 사업으로 꽤 성공을 거둔 아버지 요한과, 프랑크푸르트 시장의 딸이었던 어머니 카타리 사이에서 태어났다. 어린 괴테에게 인형극을 보여주기 위해 무대를 주문 제작했을 정도로 유복한 집안이었다. 괴테의 천재성은 어린 시절부터 두각을 드러냈으며 8세에 시를 지었고, 13세에 첫 시집을 냈다. 아버지는 유달리 문학을 좋아하던 아들이 필요한 교육을 다 받을 수 있도록 지원해 주었다. 그러나 그림자가 없는 것은 아니었다. 괴테는 어린 나이에 동생들의 죽음을 경험하며 일찍이 삶의 어두운 측면도 경험했다.

아버지의 권유로 법대에 진학하였고 변호사로 사회에 첫발을 내디딘다. 하지만 마음속에 내재한 문학에 대한 열정을 억누르기는 힘들었다. 틈만 나면 소설을 쓰느라 사건 수임을 잘하지 못한다. 가령 세속적 마인드라면 변호사로서 최고의 위치에 오르겠다는 따위의 목표에 경도되기 쉽다. 그만큼 정신 체계가 단순하기 때문이다. 하지만 앞서 조앤 롤링 편에서도 비슷한 상황을 목도했듯, 괴테의 비전통적인 성향을 엿볼 수 있는 대목이다. 그렇게 탄생한 책이『젊은 베르테르의 슬픔』이다. 이 책은 바로 베스트셀러가 되며 유럽 전역에서 큰 인기를 끈다. 20대의 괴테는 겉으로 보기에 전혀 부족함이 없었다. 하지만 그는 행복하지 않았고 자살 충동에 시달리기도 했다. 그 이유가 무엇이었을까?

그의 저서『빌헬름 마이스터의 수업시대 2』에 나오는 한 대목을 통하여 간접적인 유추가 가능하다.

"젊은 나이에 또래들이 즐기는 것에서 전혀 즐거움을 느끼지 못하는 이유가 무엇이었을까요? 이는 영혼을 모르고 있지 않았기 때문입니다."

정신적 천재들이 경험하는 세상과의 이질감이 묘사되어 있다. 의미를 추구하는 인간이 의미 없는 세상에 던져졌을 때 느끼는 전형적인 혼란, 그리고 그로 인한 고뇌의 흔적이 작품에 스며들어 있음을 볼 수 있다. 이러한 글을 소설에 녹여낸 것만 보아도 젊은 시절부터 상당한 실존적 고민을 했을 것임이 자명하다. 애초에 사회적 지위나 물질적 풍요 등의 '단순한 개념'으로 충족감을 느낄만한 수준의 영혼이 아니었다. 이 정도 수준이라면 대개 세상적 종교도 더 이상 유의미한 도움을 주지 못한다. 실존적 고민의 끝은 죽음에 대한 고찰이니 어찌 보면 자살 충동은 자연스러운 통과의례다.

괴테의 소설이 유럽 전역에서 인기를 얻자 새로운 기회가 생긴다. 그의 작품에 감탄한 바이마르 공국의 공작이 그에게 궁정 내 최고위급 공무원(재상)의 자리를 제안한 것이다. 몇 년간 별 탈 없이 공직 생활을 하던 그는 또다시 슬럼프를 맞이한다. 단조롭고 기계적인 패턴은 끓는 에너지와 예술혼을 발산시키기에 턱없이 부족했다. 30대 후반의 나이에 그는 또다시 방랑길에 오른다.

이탈리아를 떠돌며 약 2년간 열정적으로 그림 공부도 한다. 한동안 그림에 대한 그의 열정은 대단했다. 하지만, 이 또한 자신의 천직이 아님을 깨닫고 미련 없이 문학인으로 다시 회귀한다. 변호사, 작가, 고위급 공무원, 화가, 다시 작가. 발자취 그 자체만으로도 방황의 삶이었다. 그러나 그의 연구 분야는 더 다양했다. 식물학이나 광물학에도 조예가 깊어 전문가 수준의 연구를 했으며 심지어 치의학이나 해부학에도 많은 영향을 미쳤다.

천재의 가장 큰 특성은 예측 불가능함이다. 온갖 형태의 경험과 공부가 축적되는 와중에 끊임없이 생각했던 괴테의 내면세계는 보통 사람의 인식 범위를 한참 넘어서게 되었다. 그러나 그의 행보가 보통 사람들에게는 이해되기 어려웠다. 이랬다저랬다 하는 것처럼 보였기 때문이다. 그의 오랜 친구들조차도 더 이상 그를 이해하지 못했다. 괴테의 대작 『파우스트』는 23세에 집필을 시작하여 82세에 탈고가 된 작품이다. 약 60년이라는 장구한 세월을 거치고 끊임없는 수정과 고민의 흔적이 들어간 것인데 그 이유도 세상의 '몰이해'와 맞닿아 있다. 괴테가 출판을 계속 미뤘던 이유는 어차피 당대의 사람들이 자신의 뜻을 이해 못할 테니 미래 세대를 위해 쓴다는 마음이었다고 한다. (앞서 프란츠 카프카 편에서 그가 자신의 작품을 출간하지 말라고 유언했던 이유와 같다.) 얼마나 외로웠을까?

괴테는 기존의 정형화된 학문은 부족하다고 느끼고 진리와 본질, 우주의 원리를 알고자 쉼 없이 달렸다. 새로운 도전을 할 필요를 느낄 때는 지체 없이 운명의 부름에 순응하고 그 흐름에 몸을 맡겼다. 그 큰 그림을 이해하지 못하는 사람들에게는 우왕좌왕하는 듯 보였을 뿐이다. 너무 탁월했기에 고독했고 세간의 오해를 받을 수밖에 없었다. 그러나 괴테는 고독과 우울함이 자신을 괴롭힐 때마다 사색을 통하여 이겨냈다. 창작 활동은 내면적 고통을 극복하기 위한 수단으로 사용되기도 했다. 그는 80대의 노인이 되어서도 끊임없이 다양한 논문과 책을 읽으며 사색의 끈을 놓지 않았다. 그가 당당하게 이렇게 외친 것은 결코 허세가 아니었다.

"나는 내가 체험하지 않은 것은 한 줄도 쓰지 않는다."

안정형 인생과 모험형 인생

오래전 온라인상에 이런 유머가 떠돌았다. 갑자기 500만 원 상당의 공돈이 생겼을 때 민족성에 따라 소비 패턴이 다르다는 내용이었다.

서양인 – 여행을 간다

한국인 – 명품을 산다

중국인 – 저축을 한다

물론 웃자고 만든 소리지만, 분명 날카로운 관찰이 담겨있다. 서양 사람들은 다양한 경험을 통해 심리적 부자(Psychological rich)가 되는 것이 중요함을 평균적으로 높이 인식한다. 이에 반해 한국인은 피상적인 겉모습을 가장 중요시함을 풍자하고 있다. 일반화시킬 수는 없지만, 집단적 특성을 예리하게 캐치했다.

기본적으로 인간의 영적 성장 욕구는 세상에서의 다양한 경험을 중요하게 생각하도록 사람을 이끈다. (아이러니하게도 수행이나 영적 성장에만 집착하는 사람들이 가장 이해하기 힘들어하는 부분이다.) 인생은 경험을 통해 깨달음을 얻는 게임이라는 본질을 이해한다는 것은 의식 수준이 꽤 높음을 함의한다. 물론 돈이나 기타 물질적 가치를 거부하거나 죄악시할 필요는 전혀 없다. 큰 부자의 삶을 살아보는 것도 분명히 가치 있는 경험임이 틀림없기 때문이다. 다만 풍요의 결과물 그 자체가 아니라 그로 인해 얻어지는 더 큰 경험과 배움이 목적이 되어야 순서가 올바르다.

경험과 지식, 사유 이 세 가지가 아우러져야 지혜가 나온다. 그러니 견식(견문과 학식)을 중요시하는 것은 지성인이라면 당연히 가져야 할 자세다. 다양한 인생의 스펙트럼을 경험하며 거기서 넓게 보고 듣는 자세를 가진 '경험 금수저'들이야 말로 삶의 본질을 더욱 깊이 알 수 있게 된다. 다양한 경험과 사유가 겹치고 겹치는 과정 속에서 정신적 모형의 크기는 계속 확장

우울한 지성인

되고 간격은 촘촘해지는 원리다. 이를 통해 세상을 더 정확히 이해할 수 있고 남들의 눈에 보이지 않는 것이 보이기 시작한다.

세상에는 크게 두 가지 유형의 인생이 있고, 필자는 각각을 이렇게 정의하고자 한다.

> 1. 모험형 인생 – '신'이 자식을 바라보는 관점에서 살았으면 하는 인생
> 2. 안정형 인생 – '부모'가 자식을 바라보는 관점에서 살았으면 하는 인생

안정형 인생은 많은 사람들이 무리 지어 걸어가는 길이며 타성에 젖은 삶이다. 심리적 안전감을 주지만, 반드시 우물 안의 개구리를 만든다. 설사 엘리트 집단에 소속되어 있더라도 그 안에서 또 개구리가 된다. 모험형 인생은 다르다. 세상이 진리라고 하는 것에 정말로 그러한가를 묻고 따지는 것이 모험가의 길이다.

진정한 모험가는 인생의 목적이 우리의 의식 성장에 있고 이를 위한 최고의 방법은 물불을 가리지 않은 다양한 경험과 이를 통한 배움에서 온다는

것을 본능적으로 안다. 둘 중 무엇이 정답이라는 것은 없지만, 한 가지 확실한 것은 모험형 인생이 '생의 한 주기'에서 얻어가는 배움이 더 많다. 경험으로 끌어안을 수 있는 그릇이 크면 확실히 삶의 깊이와 순도가 다르다.

물론 모험형 인생이 마냥 좋은 것만은 아니다. 정형화된 삶을 거부하고 살면 삶이 고단해질 수 있다. 권위나 틀에 복종하지 않는 탓에 매우 불안정하고 고통을 감내해야 할 일도 많다. 무엇보다도 눈에 보이는 것만 인식하고 살아가는 보통 사람들 틈에서 의심과 오해를 받기 십상이다. 괴테도 그러한 오해를 의식했기에 **"인간은 노력하는 한 방황하기 마련이다."** 라고 일종의 자기 방어를 한 셈이다. 한마디로 아무나 감당할 수 있는 길이 아니다. 그럼에도 불구하고 지속적인 성장을 지향하는 큰 그릇을 가진 사람이라면 방황을 선택해야 함은 어쩔 수 없는 운명의 무게다.

루트비히 판 베토벤 (Ludwig van Beethoven)

"가장 뛰어난 사람은 고뇌를 통하여 환희를 차지한다."

–루트비히 판 베토벤

배부른 돼지보다 배고픈 소크라테스

　현대 사회는 그야말로 인스턴트 세상이다. 어떤 정보를 획득하는 데 있어 누구를 찾아간다던가, 책을 사서 읽는다던가, 도서관을 간다던가 하는 등의 행위는 소수의 사람만이 하는 행위다. 인고의 시간을 거치며 내공을 쌓아가는 사람이 바보 취급당한다. 얕은 지식을 바탕으로 유튜브 등 비디오 플랫폼에서 떠드는 것이 대세가 된 세상이다. 자기 계발 시장은 또 어떤가? 진짜 제대로 된 통찰은 먹히지 않는다. 수박 겉핥기식 강연이나 콘텐츠가 대부분이며 오히려 더 중요한 것은 멋진 목소리, 의상, 외모 그리고 유머 등 외적인 요소다.

　심지어 생각이 많으면 안 좋다는 자기 계발 콘텐츠도 많다. 대개 생각이 많으면 행동이 느려지거나 쉽게 포기한다는 이유에서다. 그러면서 수많은 자수성가한 사업가가 '행동파'였다는 예를 든다. 하지만 이는 삶의 여러 측면을 충분히 고려하지 못한 의견이다. 세상 사람들의 행동 양식을 바꿨던 수준의 기업인들은 매우 고차원적인 생각을 했던 사람들이 많다. 하지만 거창한 철학을 일단 젖혀두고서라도 이런 고민쯤은 해 볼 수 있다. 우리가 그저 잘 먹고 잘살기 위해 이 땅에 피투 되었을까? 정말로 통장 잔고나 더 좋은 집이 삶을 사는 본래적 목적이며 인간의 궁극적인 염원인가?

일반적으로 사람들은 정태적이고 일면적인 안목을 가진다. 패션, 문화, 사업, 교육, 정치, 시대적 논리 등 분야를 막론하고 뭔가가 유행하면 너도 나도 그 흐름에 쉽게 휩쓸린다. 진지한 사고를 비하하는 '진지충'이라는 단어가 생겨난 것도 그만큼 생각하는 힘이 빈약하다는 방증이다. 사회적으로 인정받는 직업을 가진, 소위 빡빡한 관문을 거친 사람들도 많이 만나 봤지만, 놀랍게도 몇 마디 이상 대화조차 나누기 힘든 경우가 많다. 피상적인 이야기를 넘어 한 단계만 깊이 들어가도 대화가 안 통한다. 각자 분야에서의 전문적인 지식 외에는 잘 모르거나 주입된 생각과 자기 생각을 구별하는 능력이 현저히 떨어진다. 찰리 멍거의 표현을 빌리자면 '정신적 격자모델'이 너무나도 빈약하다.

물론 이성적 지식이 인류 역사에 가져다준 공헌은 이루 말할 수 없을 정도로 크다는 점은 부정할 수 없다. 하지만, 형이상학적 사고와 사유, 성찰이 지혜의 원천으로서 그 토대가 되어주었기에 가능했다. "배부른 돼지보다 배고픈 소크라테스가 되겠다."라는 명언은 얼핏 듣기에는 피해의식 섞인 언더독 감성으로 보일 수도 있다. 하지만 역사적 흐름을 바꾸는 아이디어는 주로 비주류의 입장에서 시작되었다는 관점에서 그저 공허한 레토릭으로만 치부할 수 없다. 치열한 사유의 결과물을 가슴으로 이해하려면 그에 상응하는 생각을 해 보지 않고서는 절대로 알 수 없는 영역이다. 높은 시선을 이해하려면 높은 생각을 해보는 것 외에 다른 방법은 없다.

이쯤에서 왜 음악가 베토벤의 챕터 주제가 '생각'인가 의아할 사람들도 있으리라 생각된다. 분명 베토벤은 훌륭한 음악가였지만, 필자는 그를 누구보다 훌륭한 사상가(Thinker)였다고 생각한다. 독일의 철학자 테오도르 아도르노도 그의 저서 『Beethoven: The Philosophy of Music』에서 베토벤은 철학이나, 사회학, 음악, 역사 등 다양한 학문을 연구하는 학자들이 우러러볼 만한 인물이라고 극찬했다. 베토벤은 방대한 독서와 사유하는 습관을 통해 분야와 경계를 넘나드는 지성이 있었다. 이것을 음악에 녹여냈기 때문에 그를 단순히 직업으로서의 음악가나 작곡가로 보는 것은 분명 과소평가다.

그래서 그는 꼿꼿했다. 베토벤은 무식한 귀족들의 허풍과 위선이 가짜 기품임을 누구보다 잘 인지했다. 세상에 귀족은 많지만, 자신과 같은 인간은 단 한 명이라는 자부심이 있었다. 물론 세상에는 음악가도 많다. 즉 그는 음악가를 넘어 '생각하는 인간'이라는 자부심이 있었다. 정신적 귀족으로서의 소명을 다하기 위해 예술이라는 도구를 사용했을 뿐이다.

음악가가 아닌 사상가, 베토벤의 일생

　루트비히 판 베토벤은 1770년 독일 본에서 태어났다. 할아버지와 아버지는 성악 가수였기에 기본적으로 음악에 관심이 많은 집안이었다. 아버지는 어린 베토벤에게 직접 음악을 가르치며 음악적 천재성을 알아보았다. 5살이 되던 해부터 유능한 선생님을 수소문하며 음악을 가르쳤지만, 문제는 아버지의 고집이었다. 모차르트가 어린 나이에 신동으로 불리며 세간의 이목을 집중시킨 것을 보고, 자신의 아들이 모차르트를 능가해야 한다는 목표에 집착했다. 술에 취해 집에 돌아오면 자고 있던 베토벤을 깨워 밤새 피아노 연습을 시켰다. 제대로 하지 않으면 폭력을 가하는 등 무자비한 모습을 보였다.

　어린 아들을 다락방에 가두어 피아노 연습을 시키는 일도 다반사였다. 베토벤은 너무 힘들어 우는 일이 잦았다. 사실상 극심한 아동학대를 받은 것이다. 아픔으로 얼룩진 유년 시절은 훗날 베토벤이 수많은 정서적 불안과 우울증, 편집증, 자살 충동 등의 심적 고통을 겪은 삶을 살아가는 씨앗이 된다.

　11살이 되던 해에 학교를 중퇴하고 크리스티안 네페를 스승으로 만나게 된다. 네페는 베토벤의 재능을 알아보고 작곡을 가르치기 시작했다. 당시 음악 잡지에 베토벤의 천재성을 극찬하는 기사가 실릴 정도로 재능은 두드러졌고, 작곡료를 받기 시작하며 가족의 생계도 책임지기 시작한다. 17세가 되던 해에 어머니가 세상을 떠났고, 아버지는 여전히 알코올 중독에서 헤어 나오지 못하고 있었다. 이때부터 어린 두 동생을 보호하기 위해 양육권 소송을 하는 등 실질적 가장 역할을 하게 된다. 어찌 보면 '반골 기질'이 형성된 것이 자연스러운 결과일지도 모른다.

베토벤은 귀족을 무시한 대표적인 예술가로 거론되는 인물인데 그러한 성향이 영화 〈불멸의 연인〉에서도 묘사된다. 다음은 귀족들의 만찬 장면 중 나오는 대화다.

귀족 A: "왜 요즘 그는 연주를 안 하죠?"
귀족 B: "베토벤은 고집이 세요. 그는 누굴 위해 연주하는 것은 하인이나 하는 것으로 생각하죠."

그 자리에 모인 인물들은 하나같이 못마땅한 표정이다. 당시만 하더라도 음악가는 귀족의 후원을 받으며 그들을 섬기는 시대였다. 하지만 베토벤은 귀족들에게 굽신거리지 않았고 음악가가 귀족을 기쁘게 해주는 문화를 극도로 싫어했다.

그는 자유로운 예술적 표현과 창의성을 억압하는 관습과 틀에 불만을 가지고 있었고, 사회적 기대나 요구를 당당히 거부하는 성향을 보였다. 심지어 베토벤에게 매년 거액을 후원하는 리히노프스키 공작조차도 그의 자존심을 건들지 않기 위해 눈치를 볼 정도였다. 그런데 베토벤은 가난한 사람들에게는 비교적 관대한 면모를 보였다. 이따금 시골 농민들을 위한 음악은 아무런 조건 없이 해주기도 했다.

그나마 그가 유일하게 존경한 귀족은 나폴레옹이었다. 지성과 교양을 겸비하고 예술을 깊이 이해하며, 타고난 특권이 아닌 자기 능력으로 유럽의 지배자가 되었다고 생각했기 때문이었다. 베토벤은 나폴레옹이 끊임없이 자기 변혁을 추구하는 진정성 있는 리더라고 믿었다. 하지만 이 또한 나중에 나폴레옹이 스스로 황제에 올랐다는 소식을 접하고 그저 욕심 많은 권력자에 지나지 않았다는 것을 깨닫고 배신감을 느낀다.

20대 후반 무렵, 그에게 난청이라는 큰 시련이 닥친다. 처음에는 자신의 귓병을 숨기려 노력했지만, 세게 연주하는 특징을 보고 사람들이 알아차리기 시작한다. 결국 그 잔인한 현실을 받아들일 수밖에 없었다. BBC 〈베토벤 다큐멘터리〉에 당시 베토벤이 친구 베겔러에게 보낸 편지 내용의 일부가 공개된다.

"시기심이 많은 악령이 내 인생에 잔인한 창을 던졌다. 귀에서는 밤

우울한 지성인

낮 가리지 않고 이명이 들린다."

주치의의 충고를 듣고 오스트리아의 작은 마을 하일리겐슈타트로 이주했다. 여기서 그 유명한 하일리겐슈타트 유서를 남긴다. 비록 실제로 죽지는 않았지만, 그만큼 심한 정신적 고통에 시달렸고 심리적인 죽음을 경험했다는 것을 의미한다. 그가 극도의 심적 고통에 시달리면서도 자살하지 않은 이유는 오직 예술 때문이었다. 이후 그는 피아노에 귀를 대고 진동을 느끼면서 작곡을 다시 시작했고 그야말로 혼을 불태웠다. 인류 역사상 최고의 명곡이라 불리는 교향곡 9번 합창도 그렇게 탄생했다. 음악이라는 매개체를 통해 자아를 탐구했고, 자가 치유를 했으며 나아가 보편성과 우주적 합일을 추구한 위대한 사상가의 삶이었다.

사상가와 철학자의 차이

저명한 철학자 최진석 교수는 국가의 성장 단계별 핵심 기능을 하는 학문을 다음과 같이 정리했다.

국가의 초기 단계 – 법학, 정치학 등이 중심 기능

국가의 성장 단계 – 신문 방송학, 공학, 경영학 등이 중심 기능

선진국 단계 – 철학, 형이상학, 심리학 등이 중심 기능

인문학자의 입장을 대변하는 다소 기울어진 시선일까? 그렇지만은 않다. 우선 부유한 유대인 집안에서 자녀들에게 철학 공부를 철저히 시키는 전통은 널리 알려져 있다. 기업인 일론 머스크가 자신의 자녀들을 교육하기 위해 직접 설립한 학교 아스트라 노바 스쿨(Astra Nova School)에서도 윤리, 철학, 엔지니어링, AI, 수학 이 5가지 파트를 교육의 핵심 방향으로 지정했다.

영국 옥스퍼드 대학의 철학, 정치, 경제 융합 전공PPE (Philosophy, Politics, Economics) 학과도 유명하다. 영국 사회 지도층 인사들은 어떡해서든 자녀들을 이곳에 보내려 한다. 진지한 사고를 경원시하는 사회 분위기 속에서도 글로벌 리더 계층은 반드시 자녀들에게 철학 공부를 시키려 한다. '생각하는 능력'이 별것 아닌 것처럼 보이지만, 종국에는 리더십의 기본 바탕이라는 사실을 인지하고 있기 때문이다.

심지어 과학의 영역에서도 그 영향력을 피해 갈 수 없다. 물리학자 스티븐 와인버그는 "근현대 물리학 발전에 크게 기여한 물리학자 중 철학자들의 영향을 받지 않은 사람은 단 한 명도 알지 못한다."라고 단언했다. 더 높은 건물을 짓기 위해서는 더 깊이 땅을 파야 하듯, 깊고 폭넓은 생각을 하는 능력을 기르는 것은 땅을 파고 토대를 다지는 역할을 하는 셈이다.

이쯤 하면 철학이 중요하다는 총론은 대충 납득이 간다. 하지만 이게 그

우울한 지성인

리 간단한 방정식은 또 아니다. 왜냐하면 '철학적 식견'과 '생각하는 능력'이 반드시 비례하는 것은 아니기 때문이다. 철학은 지식을 습득하고 자신만의 방식으로 정리, 통일하여 새로운 인식을 형성하고 독창적인 세계관을 만들어감에 그 목적이 있다. 하지만 '철학적 지식'이 얼마나 많은가를 따지는 것에 집중하는 것은 또 다른 형태의 무지가 될 수도 있다.

가령 철학이라는 학문을 전문적으로 공부하는 사람이라도 과거 철학자들의 정신적 유산을 토대로 지식을 쌓는 데 그치는 사람들이 많다. 그 깊은 사유의 과정을 '가슴'으로 받아들이지 않고 '머리'로만 이해하면 무슨 소용인가. 그래서일까 사상가 헨리 소로우는 저서 『월든』에서 이렇게 통찰한다.

"오늘날에는 철학을 가르치는 사람은 있어도 철학자는 없다."

난해한 사상을 주장하거나, 누군가를 추종하거나 혹은 특정 학파를 내세우는 사람은 많지만, 지혜를 사랑하고 독립적이며 진실한 삶을 살아가는 사람을 찾기 힘들다는 의미다.

쇼펜하우어의 경우 『도덕의 기초에 관하여』라는 저서에서 이렇게 말한다.

"이 시대의 사이비 철학자들은 독자를 가르치지 않고 현혹하려 한다."

쓸데없이 어려운 글로 대중을 현혹하는 철학자들을 비판하고 있다. 에릭 와이너의 저서 『소크라테스 익스프레스』에서는 그러한 경향을 "똑똑한 척 으스대는 사람들이 선호하는 현학적 수사라는 연막"이라고 표현한다. 명료함과 단순함에 깊은 진리를 담아내는 능력이 화려한 미사여구와 주렁주렁 달린 각주를 뽐내는 것보다 한층 더 깊은 고민과 배려가 들어간다는 것을 꿰뚫고 있다.

이제 어떤 자세로 철학을 접해야 하는지 대강 방향이 잡힌다. 어쩌면 '철학적'이라는 단어에서 '철학'보다는 '~스럽다'라는 뜻을 지닌 접미사 '적'에 더 중심을 두어야 할지도 모른다. 근본을 파헤치고 들어가 이해할 수 없는 것들을 이해하기 위해 노력하고 더 높은 의식의 장을 발견하기 위해서다. 이번 챕터의 핵심 포인트다. 즉 우리는 생각하는 사람인 사상가(Thinker)가 되어야 한다. 철학이라는 학문을 직업으로 하는 철학자(Philosopher)와는 분명히 분리되는 개념이다.

사상가는 새로운 세계관의 설계도를 그리는 사람이다. 물론 주관적인 경계이기에 명확한 선이 있는 것은 아니지만, 방대한 지적 호기심과 무한한 자유의지를 가진 사람이라면 자동적으로 사상가가 될 수밖에 없다. 직업이 무엇이든 전공이 무엇이었든 상관없지만, 최소한의 철학적 지식은 필요하다. 그래서 철학을 배운다. 다시 한번 강조하지만, 철학자가 아닌 사상가가 되기 위해서다.

어렵고 고답적인 용어들은 집어던지고 자기 내면을 먼저 탐구하고 세상 돌아가는 것을 다면적으로 바라보는 세계에 들어가 보라. 난해하고 현학적인 생각을 쉽게 풀어내면서도 속에 담긴 뜻은 훼손되지 않게 잘 표현하고자 노력해 보라. 일상의 영역을 비유로 들며 깊은 사유의 편린을 보여줌으로써 사회가 더 현명한 생각을 할 수 있도록 고민해 보라. 물론 외로운 길이며 저항에 직면할 수도 있을 것이다. 하지만 나만의 높은 생각을 모두를 위한 언어로 바꾸는 것이 얼마나 고결한 번역인가? 동시에 자신만의 독자적인 사유 체계가 구축되어 가는 것도 느낄 것이다.

이것을 철학이라고 부르든 말든 그 용어는 아무래도 상관없다. 닥치는 대로 지식을 흡수하고, 융합하고, 생각하고 나만의 방식으로 표현하는 그 과정 자체가 중요하다. 그 방향을 제대로 인지하고 철학을 공부해야지만 의미가 있을 것이다. 음악가 베토벤은 생각하는 인간, 사상가였다. 조각가 로댕이 그러했듯이, 과학자 뉴턴이 그러했듯이.

우울한 지성인

Chapter 16

불만 에너지의 긍정적 측면

장 자크 루소 (Jean Jacques Rousseau)

"인간은 태어났을 때는 자유로웠으나 사회 속에서는 무수한 쇠사슬에 얽혀져 있다."

-장 자크 루소

반지성주의에 대한 오해

엄격한 규범과 형식을 탈피하고자 하는 인간의 의지는 철학, 문학, 과학, 예술 등 다양한 형태로 표현되어 왔고 이는 곧 세상을 바라보는 새로운 시각으로 이어졌다. 그러나 모든 인간이 그러한 의지를 온전히 표현하는 삶을 사는 것은 아니다. 괴테의 작품『젊은 베르테르의 슬픔』에는 이런 대목이 나온다.

"규범이든 상식이든, 오로지 세상이 정해놓은 것밖에 알지 못하는 사람은 한심하다."

과연 괴테다운 표현이다. 물론 타자를 한심하다고 낙인찍는 것은 지나친 면이 있다. 하지만 바닷물을 순환, 정화시키는 '태풍'의 역할을 하는 존재, 그 중요성을 강조한 말이라고 순화해서 받아들이면 어떨까 싶다. 그리고 보면 근간을 뒤흔드는 위대한 업적은 대부분 기존의 편협한 세계관에 반기를 든 역사적인 반항아로부터 창조되었고, 그들의 삶 자체도 마치 소용돌이 같았다.

소크라테스는 사회 질서를 어지럽히는 질문을 많이 던진다는 이유로 처형당했다. 공자가 평생 가난에 허덕인 이유도 사실상 반체제 인사였기 때문이다. 젊은 시절의 아인슈타인이 발붙일 대학이 없어 특허청에서 공무원 생활을 했던 이유도 그렇다. 허를 찌르는 당돌한 질문으로 교수들과 계속 부딪혔기 때문이다. 종교의 영역도 예외가 아니다. 개신교 신학의 아버지 마틴 루터의 경우도 남다른 반항 기질의 소유자였기에 큰 역사적 과업(종교 개혁) 달성이 가능했다.

관습을 부인하는 반골 기질은 확실히 새로운 생각이나 패러다임과 연관이 있다. 대다수의 사람은 살아오면서 교류했던 모든 사람들, 특히 부모가 가진 심리적 한계를 그대로 물려받음으로써 자기 제약을 건다. 하지만 반항 기질을 가진 천재들은 일생을 사는 동안 끊임없이 그 보이지 않는 장벽을 깨부수기 위해 고군분투한다. 사회가 요구하는 틀을 열심히 따르기보다는 방대한 사유를 통해 오직 자신만이 깨달은 개념의 틀을 잡아나가는 과정이다.

어떤 사회 현상을 보더라도 주어진 그대로 보는 게 아니라 심층적인 원인이 있다는 것을 먼저 파악하고 진리에 다가가려고 노력한다. 이게 맞는

우울한 지성인

건가? 좀 더 다른 방법은 없는가? 그 문제의 근원은 무엇인가? 끊임없이 생각하기에 자연스레 사회의 기존 틀과 대립할 수밖에 없다.

전통적으로 사회 기득권층은 '반지성주의'라는 단어를 다소 부정적인 개념으로 묘사하는 경향이 있다. 하지만 무언가를 의심하고 뒤집어보려는 자세 없이는 그 어떤 창조적 행적도 남길 수가 없다. 여기서 말하는 의심이란 병적으로 경계하고 불신함을 뜻하는 것이 아니라, 받아들인 정보를 처리하는 데 있어 "정말로 그러한가?" 하며 되묻는 힘을 말한다.

모든 지식과 관념의 불확실성을 인정한다는 전제하에 세상을 바라보는 비판적 사고야말로 가장 훌륭한 지성의 촉매제다. 이어령 박사는 저서 『지성에서 영성으로』에서 이렇게 표현했다.

"지식인들이 마지막 단계에 이르면 생각의 상자나 지식의 상자에서 해방되려는 노력을 합니다. 지성을 거부하는 반지성의 단계에 도달하지 않고서는 감히 지성인이라는 말을 쓸 수 없지요."

바야흐로 참된 지성과 교양은 찾아보기 힘든 시대다. 미디어와 소셜미디어의 자극성에 기대어 지식의 파편을 흡수하고 그 좁은 세계관 내에서 세상사의 옳고 그름을 판단하는 것이 일상이다. 정치와 미디어, 껍데기 지식인들의 선동은 또 얼마나 단선적이고 조야한가? 반지성에 덧씌워진 주홍 글씨를 벗겨내고 한층 더 깊은 생각을 할 필요가 있다.

영원한 비행 소년, 루소의 일생

장 자크 루소는 스스로 법을 만들고 그 법을 준수하는 인간이 자유인이라고 믿었다. 그는 개념이 지식으로 굳어진 고정관념을 경계했고, 당시의 지식인이나 철학가들이 귀족이나 권력과 결탁하는 문화도 혐오했다. 지성인의 정신적 독립은 그것이 물질적 독립에 기반을 두지 않아야만 가능하다고 여겼으며 실제로 문예 후원제도가 부여하는 특권도 거부했다. 그래야만 진리 탐구를 위해 글을 쓸 수 있다고 믿었다. 프랑스 혁명의 사상적 기반을 제공한 『사회 계약론』은 그렇게 탄생했다.

루소는 1712년 스위스 제네바에서 태어났다. 아버지는 가난한 시계공이었고 폭행 사건에 자주 휘말리는 인물이었다. 어머니는 루소를 낳은 뒤 9일 만에 산욕열로 사망했고, 이는 루소가 유년기에 무의식적인 죄책감을 떠안고 자라는 계기가 된다. 형이 있었는데 아버지와 사이가 매우 나빴다. 아버지는 말썽 부리는 형을 소년원에 보내기도 했고, 이후에 집을 떠난 형은 다시는 모습을 보이지 않았다.

아버지의 양육 방식은 사랑과 가혹함, 양극단을 오가는 불안정성을 기반으로 했지만, 이마저도 오래가지 못했다. 퇴역한 장교를 폭행한 후 처벌을 피해 도망을 가게 되면서, 10살을 갓 넘긴 루소를 외삼촌에게 맡겼다. 외삼촌은 루소를 목사에게 위탁했고, 2년 뒤 루소는 또다시 한 조각가에게 넘겨져 도제식 수업(인쇄 조판술)을 받게 되었다. 그는 심한 규율과 복종이 강요되는 분위기를 힘들어했다. 정말이지 마음 둘 곳이 없었다. 심한 박탈감과 강한 자기 연민이 생길 수밖에 없는 유소년기였다.

어느덧 16세에 접어든 루소는 마을에서 도망쳐 나와 본격적인 방랑의 여정에 접어든다. 이 와중에 그나마 조력자를 만나 생계를 유지할 수 있게 된다. 한 가톨릭 신부가 마음씨 좋은 귀족 부인(*프랑수아즈-루이즈 드 바랑)을 만날 수 있도록 도와주었고, 이때부터 약 10년 이상 부인의 도움을 받으며 성장한다. 바랑 부인은 루소를 집사로 삼기 위해 기본적인 교육을 시켰고, 이때 많은 책을 읽고 음악 공부도 받는다. 이후 부인과의 관계가 틀어지고 난 뒤 또다시 뿌리 없이 여러 나라를 떠돌며 온갖 직업을 전전한다.

30대 중반에 파리에 정착했고 열 살 연하의 세탁부 테레즈 르바쇠르와 동거를 시작한다. 떠돌이 인생이 어느 정도 안정되었지만, 그녀를 정식 파트너로 인정하지는 않는다. 가정부와 파트너 그 사이 어디쯤, 애매한 관계를 유지한다. 그리고 테레즈에게서 얻은 5명의 아이를 고아원에 보내는데 그 이유는 열악한 경제 환경이었다. 이 사건은 루소라는 인물을 평가하는

데 있어 큰 파장을 미치는 요소인데, 가령 볼테르와 사르트르 등의 인물은 루소를 위선자의 대명사로 낙인찍는다. 폴 존슨의 저서 『지식인의 두 얼굴』에서도 루소를 "영원히 정신적으로 성장하지 못한 비행소년 같다."라고 분석한다.

하지만 이와 정반대의 평가를 하는 사람들도 많은데 칸트나 괴테 같은 인물은 오히려 루소를 성자의 반열에 오른 인물 수준으로 평가했다. 특히 톨스토이의 경우, 루소를 경배한다고 말할 정도로 그를 존경했다. 인류애는 넘치지만, 개별적인 인간들과는 갈등이 많았던 그의 복잡다단하고 양가적인 성향이 '사생활'과 '위대한 사상' 간에 큰 갭을 초래했고, 결국 본인의 평가에도 극단적인 모습으로 반영되는 모습이다.

세상의 주목과 명성을 갈망했지만, 현실은 늘 비참했던 사내가 드디어 빛을 보는 계기가 생긴다. 한 학술원이 주최한 논문 대회에서 1위로 입선하는데 이때 그의 나이는 39세였다. 이후 급격한 유명세를 타게 된다. 본격적으로 전업 작가가 되고 사상가로서의 면모를 보이기 시작한다. 많은 저서를 집필했지만, 그중에서도 가장 걸작으로 꼽히는 것은 『에밀』과 『사회계약론』이다. 각각 교육과 정치 분야에 큰 영향력을 미쳤다. 명예를 얻었지만, 역시 순탄할 수만은 없는 운명이었을까. 『에밀』에 담긴 반가톨릭 정서 때문에 파리 고등법원은 그에게 체포 영장을 발부하고 또다시 몇 년간 도망자

우울한 지성인

신세가 된다.

그는 삶이 왜 그렇게 고통스러운지를 이해하기 위해 자서전『고백록』을 집필하였는데, 마치 위선자라는 꼬리표를 비웃기라도 하듯 솔직함의 끝을 보여주기도 한다. 본인의 전기에서 중요하게 다루어지는 모순과 위선들이 스스로 직접 밝힌 부분이었다는 점은 유례를 찾기 힘든 독특한 측면이기도 하다. 어쩌면 비주류의 삶을 살았던 천재가 할 수 있었던 마지막 반항이었을까 싶기도 하다.

불만 에너지 표출

BTS를 세계적인 보이그룹으로 키워낸 기업인 방시혁은 2019년 서울대학교 졸업 축사에서 이런 말을 했다.

"저는 불만이 엄청 많은 사람입니다. 세상에는 타협이 너무 많습니다. 더 잘할 방법이 있는데도 튀기 싫어서, 일 만드는 게 껄끄러워서, 주변에 폐 끼치기 싫어서, 혹은 원래 그렇게 했으니까 등 갖가지 이유로 입을 다물고 현실에 안주합니다. 저는 태생적으로 그걸 못 하겠더라고요."

불만 에너지가 크다는 것은 일상생활에서 오만가지 모순이 눈에 들어올 만큼 샤프하다는 뜻이다. 기업인 방시혁의 경우 그 카오스적 에너지를 역이용한 셈이다. 즉 강한 에너지가 기운을 부릴 때 그저 부정적 방향으로 치닫도록 내버려둔 것이 아니었다. 적극적으로 방향을 틀어 성장 동력으로 이용한 것이 큰 성공의 근원이 되었다고 볼 수 있다. 이처럼 불만은 얼핏 부정적인 개념처럼 보이지만, 더 파고들면 분명히 다른 측면도 내포하고 있다. 가령 어떤 문제를 세밀하게 인식하는 것이 장점이 될 수도 있다. 그러한 문제를 해결하고자 하는 내적 충동, 거기에서 진정성과 독자성이 나온다. 인화성이 강하다는 것은 큰 재앙이 될 수도 있지만, 큰 동력이 될 수도 있다.

물론 이를 사회적 체계나 신념, 관습 따위를 완전히 무시하라는 소리로 받아들이는 것은 곤란하다. 그것들 또한 질서 유지의 측면에서 존중되어야 한다. 하지만 그게 무엇이든 맹목적 신념을 가지는 것에 대해서는 반드시 경계해야 한다는 의미다. 작은 것에 집착하고 매달리며 자기가 보는 세상이 다인 줄 아는 인간 세상이기에 그렇다. 많은 역사적 성현들이 오해와 박해를 받은 것도 근본적으로 신성의 윤리나 가치를 독점한다고 믿는 자들에 의해서였다. 그러나 어떠한 정해진 관습이나 규율만 지켜야 한다고 믿는 것은 오히려 신성에 대한 자각이 전혀 없는 상태나 다름없다.

암암리에 우리의 삶을 지배하고 있는 기존의 상식과 통념에 올바른 맥락에서 알맞은 수준의 시비를 거는 것이야말로 지성인의 역할이다. 사람들이

우울한 지성인

듣고 싶어 하는 말을 하는 것이 아니라 사회가 더 현명한 생각을 할 수 있도록 노력한다. 비판하는 자는 성찰하는 자요, 이는 곧 세상을 바꾸려는 의지가 있는 자다. 불만이 많다고 오해되지만, 사실은 인간의 잠재력에 대한 기대치가 더 높기에 더 큰 희망을 품은 인간 부류라고 볼 수도 있다.

위대한 일이란 기존의 가치를 바꾸는 일이다. 여기엔 반드시 도전과 저항이 따르며 엄청난 무시나 오해를 받을 수도 있다. 그런데도 불구하고 어떤 현상을 보며 이것은 진리와 거리가 멀다는 것을 한눈에 꿰뚫는 지성을 가지게 되면, 이는 자연스레 질서에 대한 반항으로 이어질 수밖에 없다. 누구보다 먼저 부조리를 세밀하게 인식한 자는 불만이 많을 수밖에 없다.

폐쇄된 우물 안에서 만족감을 느끼면서 사는 사람에게서 에너지 넘치는 새로운 생각은 애초에 기대하기 힘들다. 이에 반해 정신적 천재들은 강한 틀과 단단한 판에 균열을 일으켜 전체적인 방향을 트는데 기여할 외로운 소명을 짊어지고 있다. 잘되면 뛰어난 사상가 또는 혁명가라는 소리를 들을 수도 있지만, 투쟁의 연속인 삶을 살아간다는 측면에서 결코 쉬운 난이도의 운명이 아니다. 그러나 완벽할 수 없다는 것을 알면서도 끊임없이 노력하는 고귀한 반항아들임은 확실하다.

우울한 지성인

Chapter 17
회색분자가 아닌 독립적 지성인

조지 오웰 (George Orwell)

"진실은 권력이 있는 자들에 의해 항상 부정당하고 있다."

–조지 오웰

왜 중용일 수밖에 없는가

생물이 진화한다는 것은 본질적으로 단순함에서 복잡함으로 나아가는 과정이다. 복잡계로 갈수록 정신이 고도화되며 깊은 정신세계로 갈수록 유연성의 폭이 커진다. 반면 정신 체계가 단순하면 무언가에 잘 빠지거나, 잘 믿고 신봉하거나 맹종하는 등의 경향을 강하게 보인다. 항상 변화하는 자연에서 어떤 한 부분을 딱 떼어내서 특정 스펙트럼을 진리라 믿고 대상을 관습적으로 바라보는 것은 의식이 고착되었다는 방증이다. 그것이 정치이든 종교이든 심지어 당대를 지배하고 있는 관념이나 시대정신마저도 다 마찬가지다.

오직 전인미답의 길을 추구하는 독립적 지성인이야말로 한평생 살면서 끊임없는 사고의 수정을 쉬지 않는다. 사고의 벽을 깨고 그것을 또 깨고 그것을 또 넘어섬을 반복한다.마치 자신의 올림픽 기록을 본인이 경신하듯 말이다. 그것이 동서고금을 떠나 거의 모든 성현이나 선각자들이 중용을 외친 본질적인 이유다. 깊은 사유 습관은 반드시 중용으로 연결되기 때문이다.

　현자들은 세간의 시비를 상대적인 것으로 파악하는 눈이 있다. 어떤 분위기나 이데올로기에도 일단 휩쓸리지 않고, 한 발짝 떨어진 곳에서 세상을 관찰한다. 지혜가 쌓이게 되면 전체의 일부분으로 사안을 바라보는 것이 매우 자연스러워지기 때문에 그것이 무엇이든 한 곳에 치우칠 수가 없다. 깊은 내면 탐구 작업을 거친 뒤 세상을 관찰할 수 있는 시선에 도달한 높은 수준의 정신이다. C.S. 루이스의 책 『순전한 기독교』를 보면 이런 구절이 있다.

　"인간은 현명해질수록 선과 악의 구분을 하지 않고 상대성을 꿰뚫어 본다. 신적 관점에 가까워지면 이런 구분은 완전히 사라져 버린다."

　물론 중용이란 모든 사안에서 무조건 중간을 택한다는 의미가 절대 아니다. 가령 아무것도 몰라 중간을 택하는 것은 무지이지 중용이 아니다. 중용의 미를 안다는 것은 완전히 다른 두 가지 상충하는 의견을 수용하고 그 상황에 가장 알맞은 판단을 내릴 식견과 그릇이 있다는 뜻이다. 가령 일론 머스크는 한 인터뷰에서 정치색을 묻는 질문에 이렇게 답했다.

　　　　　　　　　　　　　　　　　　　우울한 지성인

"half Democrat, half Republican(반은 민주당, 반은 공화당입니다.)"

그래서 그는 양쪽에서 욕을 먹었다. 미국 연방준비제도의 의장 제롬 파월도 '올빼미'라고 불린다. 역시 양쪽에서 욕을 먹지만, 동시에 양쪽을 아우르기도 한다. 독립성과 중립성을 견지하는 특유의 철학 때문이다.

영국을 대표하는 작가 조지 오웰도 소위 좌파든 우파든 까야 할 일이 있을 때 까는 사람이었다. 알베르 카뮈의 경우도 기독교, 우파, 좌파, 나치 등 자신의 원칙에 따라 그저 그 상황에서 해야 할 말을 했다. 그들은 절대 조직에 충성하거나 분위기에 휩쓸리는 모습을 보이지 않았다. 특정 관념에 얽매이지도 않았다. 그들은 이런 사고방식에 익숙하다.

> 맞기도 하고 틀리기도 하다.
>
> 있기도 하고 없기도 하다.
>
> 잘한 점도 있고 못한 점도 있다.

그 이유는 우유부단해서가 아니라 세상의 본질이 그냥 그렇다는 것을 알기 때문이다. 다음 사고실험을 통해 그 로직을 이해해 볼 수 있다. 사자가 사슴을 잡아먹는 장면을 보고 다음과 같이 다르게 바라보는 세 사람이 있다.

A. 너무 잔인해. 사슴이 너무 불쌍해.

B. 그냥 당연한 자연의 이치일 뿐이야.

C. 자연의 이치이니 자연스러운 건데… 그래도 사슴이 너무 불쌍해.

A와 B는 각각 감성과 이성에 치우쳐있다. C의 경우는 모순된 양가감정을 다 드러내고 있다. 모순으로 이루어진 조화가 자연의 본질이기에 그냥 있는 그대로 표현했다. 즉 C는 자신의 감정을 잘 이해하고 있다. 하지만 인간 세상이라는 곳에 잘 적응하려면 그 본성을 억누르고 A와 B 둘 중 하나의 세계관을 택해야 유리하다. 어릴 적부터 우리는 그렇게 생각하도록 철저히 교육받는다. 따지고 분류하고 가르는 것이 매우 중요한 가치이기 때문이다. 그래서 C와 같이 하나로 딱 떨어지지 않는 사고방식, 즉 본성을 죽이지 않고 세상을 살고자 하면 온갖 오해와 비난을 짊어질 각오를 해야 한다.

복잡한 자기 내면을 잘 이해하는 것은 곧 세상을 잘 이해하는 것이며, 그렇게 인식이 깨어나게 되면 매사 C 유형의 사고방식이 힘을 받을 수밖에

우울한 지성인

없다. 그러나 그 정도 수준에 도달한 사람은 어느 시대에서나 소수다. 그렇기에 그 소수의 인간은 사회의 어떤 조직에도 온전히 편입될 수 없다는 현실을 맞닥뜨린다. 정신적 천재들이 느끼는 고립감의 근원이다.

주류가 최면을 걸고 비주류는 최면에서 깨어나라고 외치는 이 필연적인 관계 속에서 역사가 발전해 왔다. 물론 룰에 순응하고 무탈하게 살아가는 것이 철저한 자기 선택이라면 그것을 불행하다고 볼 수는 없다. 하지만 많은 사람들은 자신이 어떤 방식으로 세뇌 받아왔고, 또 내면의 본성이 어떻게 억눌리고 있는지 자각하지 못한다. 지성인의 의무는 이를 깨우쳐 주는 것이다. 오직 주류의 얕은 본질을 한눈에 꿰뚫는 지성이 있어야만 비주류 지성인이 될 자격이 있다. 고결한 정신적 귀족은 그렇게 탄생한다.

누구보다 단단한 내면을 지녔던 작가, 오웰의 일생

조지 오웰은 셰익스피어, 제인 오스틴과 함께 영국 역사상 가장 위대한 3대 작가로 손꼽히는 인물이다. 사실 조지 오웰은 필명이며 본명은 에릭 아서 블레어(Eric Arthur Blair)다. 출생 연도는 1903년이고, 아버지가 당시 영국령이었던 인도 아편국 소속 공무원이었기 때문에 인도 북동부에서 태어났다. 오웰은 태어난 지 2년 정도 후에 어머니, 누나와 함께 영국으로 귀국했다.

어린 시절 외로움을 많이 탔으며 훗날 그의 고백에 의하면 머릿속으로 상상 친구(Imaginary friend)를 만들어 대화했다고 한다. 문학적 재능은 이미 어린 시절에 싹을 보였는데, 직접 지은 2개의 시가 지역 신문에 실릴 정도였다.

학창 시절 교우 관계는 좋은 편이 아니었다. 학업 성적은 뛰어났지만, 상류층 학생들에게 차별당하며 심한 상대적 박탈감을 경험했다. 전액 장학금을 받고 명문 이튼 칼리지에 입학했지만, 역시 상류 계급의 자녀들이 주류를 이루는 학교에서 지속적인 모멸감을 경험한다. 더구나 병약한 몸 때문에 잔병치레도 잦았고 점차 학업에 흥미를 잃게 된다. 오웰의 자존감은 바닥을 치고 대학 진학도 포기한다.

인도 제국 경찰관 시험에 응시하여 합격하고, 1922년 미얀마로 발령을 받게 된다. 하지만 진실한 영혼의 소유자들이 부조리를 접하면 외면하지 않고 문제에 직면하는 특성이 여실히 드러났다. 약 5년간 경찰 생활을 하면서 영국의 제국주의가 현지인들을 대상으로 저지르는 악행과 위선에 혐오감을 주체하기 힘들었다. 역사학자 폴 존슨의 저서 『지식인의 두 얼굴』에서는 그 심리를 이렇게 묘사하고 있다.

"경찰에 투신한 오웰은 1922년부터 1927년까지 5년을 복무했다. 그렇게 해서 그는 교수형과 태형 등 제국주의의 어두운 면을 목격했고, 자신이 그런 면을 견뎌낼 수 없다는 것을 깨달았다."

우울한 지성인

이는 세속적인 기준으로 보자면 소위 '나약함'이다. 하지만 애초에 타인이 고통받는 것을 더 잘 참아내는 것을 강인함이라고 하는 것이 세상이라면, 그 거꾸로 된 현실 속에서 그는 차라리 나약한 인간이 되기를 선택한 것이다. 이중 부정이 긍정되듯 말이다.

결국 영국으로 돌아온 오웰은 사직서를 제출하고 본격적으로 전업 작가의 길로 뛰어든다. 이때부터 그는 부르주아나 엘리트와는 절대 만나지 않고 하층 계급의 사람들과만 어울리기 시작한다. 그는 유난히 인간에 대한 관심이 많았다. 파리로 건너가 접시 닦기 등의 직업을 전전하거나 심지어 노숙자 생활도 하며 극빈생활을 체험했다. 그 경험을 바탕으로 쓴 책이『파리와 런던의 밑바닥 생활』이며 이때부터 사용한 필명이 조지 오웰이다. 이후 출간한 소설『버마의 나날』로 문학계의 인정을 받기 시작한다.

스페인 내전(*본인의 나라도 아니다.)이 발발하자 참전을 결심한다. 지식인으로서 사회 참여를 중시하던 그였기에 파시즘에 직접 맞서고자 내린 결정이다. 전쟁 중 총상까지 입는 등 몸을 불사르지만, 얼마 후 또 새로운 깨달음을 얻는다. 정의라고 굳게 믿었던 사회주의 사상의 맨얼굴(위선과 폭력성)을 보게 된 것이다. 당연히 사회주의와 동료들을 향해서도 비판의 칼날을 들이댄다. 이미 어떤 이데올로기에도 선동당할 수 없는 인간이 되어버렸기에 어느 한 쪽에도 치우치지 않았다. 영국-소련이 연합하여 독일에 대항하던 당시에 영국은 소련 비판을 자제하는 분위기였다. 오웰은 그런 시류에도 아랑곳하지 않았다.

파시즘에 대항했고, 영국의 지식인과 그들의 민족주의도 비판했다. 자본주의를 비판했고, 얼핏 좌파인 줄 알았더니 좌파의 위험성도 경고했다. 그의 독특한 행보에 세상은 어리둥절했다. 그야말로 모두까기였다. 인간이 만든 어떤 이론도 완벽할 수 없다는 지극히 당연한 사실을 가슴으로 느꼈기에 더 이상 어디에도 기댈 곳이 없었다. 이미 높은 시선을 경험한 그에게 얄팍한 조직 논리나 진영 논리 따위는 먹히지 않았다. 그러나 어디에도 온전히 편입될 수 없는 '합리주의자'가 고독하고 외로운 길임은 자명했다.

그는 지독한 결핵과 싸워가며 묵묵히 집필활동을 이어 나갔다. 1945년 출간된 정치 우화 『동물농장』이 큰 인기를 얻게 되지만, 부유한 생활마저 즐기지 않았다. 여전히 주류 사회와의 접촉을 최대한 피하고 검소한 생활을 이어 나갔다. 경제적인 성공보다는 의미 있는 작품을 쓰는 데 주력했다. 이후 전체주의적 사고를 풍자한 소설 『1984』가 나오면서 세계적으로 인정받는 작가 반열에 오른다. 사회의 어두운 면과 인간의 존엄성을 깊이 통찰했던 모두까기 작가 조지 오웰은 47세의 나이로 세상을 떠났다. 아마도 그만하면 한 생애에서 해야 할 일을 다 마무리했다고 느꼈던 것 같다.

우울한 지성인

독립적 지성인

조지 오웰의 디스토피아 소설 『1984』는 국가가 개인을 철저히 통제하는 모습을 풍자하여 권력자의 지나친 통제에 대한 경각심을 일깨운다. 작가는 내부 단결을 위해 증오심을 이용하는 권력의 속성과, 진실보다는 자신이 믿는 것에 충성심을 보이고 거기서 오는 소속감을 느끼는 것에 만족하는 대중의 속성을 파악했다. 그리고 이 두 속성이 적절히 어울려 집단적 정념이 유지된다는 것을 예리하게 통찰했다. 조지 오웰이 죽기 전 BBC와 마지막으로 한 인터뷰를 보면 병상에 누워서도 자신이 믿는 것에만 충성하는 세상의 현실을 끝까지 안타까워한 모습을 보인다.

여기서 또 한 가지 사고 실험이 준비되어 있다. '독재와 세습'하면 어떤 이미지가 떠오르는가? 일단 많은 사람들은 '나쁘다'라는 이미지를 자동으로 떠올릴 것이다. 가령 서방 언론은 중국이나 북한의 독재나 세습을 악으로 규정하고 규탄한다. 그렇다면 조금만 더 파고 들어가 보자.

> 1. 왜 싱가포르의 독재와 세습에는 침묵했는가? 서방 언론의 입장에서 싱가포르는 '우리 편'이다. 무엇보다도 독재의 폐해보다 효익이 더 많았다고 평가받는다.

2. 영국 왕실은 과연 세습이 아닌가? 물론 정치적 참여가 제한

되었다고는 하지만 상상을 초월하는 특권을 누린다. 도대

체 어디까지가 그 선인가?

3. 세습을 하는 기업들도 비난받아야 하는가? 독과점 기업은?

구글은 독과점이 아닌가? 그 선은 어디인가?

4. 역사상 모든 왕권 국가도 다 독재로 규정해야 하는가? 등

결국 꼬리에 꼬리를 물면 독재와 세습이라는 개념 그 자체가 문제 있는 것이 아니라는 것을 알 수 있다. 전기를 잘 이용하면 에너지가 되지만, 잘못하면 감전되듯, 맥락이 중요할 뿐이다. 어쩌면 독재는 '무조건' 나쁘다는 식의 발상에 쉽게 경도될수록 독재자의 성향이 더 강한 것은 아닐까. 깊고 다면적인 생각이 없으면 하나의 논리에 집착하기 쉽다. 물론 독재나 세습을 옹호하는 취지의 글이 아니다.

이념 다툼의 본질은 무엇인가? 그것은 거짓 동기를 상대에게 주입하는 고도의 이기심에 불과하다. 자신의 욕망을 추구하면서 상대에게는 너의 욕망을 추구하는 것이라고 세뇌시키는 고도의 작업이다. 특히 정치판은 고상함이라는 탈을 쓰고 인간의 가장 추악한 본성이 치열하게 드러나는 세계

다. 어떻게든 사안을 쟁점화해 혐오감과 적대감을 반복적으로 드러내고 본인들이 원하는 특정한 방향으로 상대방을 낙인찍기 위해서 최선을 다한다. 자신의 아집을 기반으로 일반화를 하려 든다.

정작 본인 성찰에는 관심이 없고 그저 세상을 다스리려고만 설치는 데서 고매한 정신은 찾아보려야 볼 수가 없다. 무엇보다도 자신의 집단이 타 집단보다 우월하다는 감정을 통해 내 자아를 충족시키는 것은 내가 그만큼 보잘것없는 사람이라고 스스로 인정하는 징표다. 이것을 일찌감치 깨달은 소크라테스는 다음과 같은 말을 남기며 정치판을 완전히 멀리했다.

"신은 내게 무슨 일을 하라고 한 것이 아니라 무엇을 하지 말아야 할지를 알려주셨다. 그것은 정치였다."

소크라테스는 인간의 내재적 가학성이 의무, 양심, 충성, 정의 등으로 포장될 때 폭력도 정의라는 이름으로 손쉽게 둔갑한다는 속성을 누구보다 잘 알았다. 결국 세상을 제대로 이해하기 위해서는 그 안에 난무하는 관념들에 휘둘려서는 안 된다. 세상과 동떨어진 관찰자의 시선을 경험해 봐야만 진정한 독립적 지성인이 될 수 있다. 그것이야말로 '앎'이 무엇인지를 알아가는 과정이다.

우울한 지성인

표도르 도스토옙스키 (Fyodor Mikhailovich Dostoevskii)

"고뇌를 거치지 않고는 행복을 파악할 수 없다."

－표도르 도스토옙스키

가시를 빼어내는 정화의 과정

개인적으로 필자가 가장 좋아하는 바이올리니스트는 한수진이다. 그녀는 태어나면서부터 한쪽 귀가 들리지 않는 장애가 있었다. 결핍을 극복하고 바이올린 연습에 매진하여 청소년기에 세간의 주목을 받게 되지만, 거기서 만족하지 않았다. 더 깊은 연주를 할 수 있는 방법을 끊임없이 고민했다. 음악을 전공하면서 철학이나 역사, 심리학 등 인문학 공부를 병행했다.

20대 중반, 이제 막 날개를 펼치나 싶었지만, 또다시 위기가 찾아온다. 턱관절 이상으로 수술을 해야 했다. 수술 실패와 재수술, 회복 기간 등으로 총 6년의 공백이 생겼다. 그중 3년 반 정도는 악기에 손을 대지도 못하는 기간이었다. 당시 그녀는 이 또한 의미가 있을 것이라는 믿음을 잃지 않았다고 한다. 간고 속에서도 희망을 보았다. 그리고 시간이 지나 연주자로서 최고의 위치에 올라서는 그 환란의 기간이 있었기에 자신의 연주가 더 깊어질 수 있었다고 고백한다. 영혼의 연주라고 불릴 만큼 짙은 감성이 묻어나는 배경에는 이런 스토리가 있었다.

스티브 잡스의 스탠퍼드 대학교 졸업 연설(2005)을 보더라도 비슷한 말을 들을 수 있다. 과거 그는 자기가 만든 회사에서 쫓겨나는 수모를 당하고 10년 이상 돌아가지 못했던 적이 있다. 그 일을 이렇게 회고했다.

"다 지나서 되돌아보니 애플에서 해고당한 것은 내 인생최고의 사건이었습니다. 내 인생에서 가장 창의적인 시기로 들어설 수 있는 자유를 얻었습니다."

두 경우 모두 자신에게 가장 가혹했던 상황이 곧 자신에게 가장 필요한 숙명적 이벤트였다는 깨달음이다. 『상처받지 않는 영혼』의 저자 마이클 A. 싱어는 이와 같은 고난의 시기를 "가슴속에 꽉 박힌 가시를 빼어내는 정화의 과정"으로 정의했다. 근원을 알 수 없었던 무의식적 불안의 실체, 그것을 현실에서 맞닥뜨리는 경험을 할 때 인간은 본능적으로 인생을 돌아보려는 자세를 취한다. 그리고 고통 속에서 흘린 눈물을 딛고 다시 일어선다.

혼돈처럼 보이지만, 사실상 더 나은 자신으로 한 단계 진화하는 시기다. 높은 수준의 자아 성찰 능력이 있는 사람들은 그 섬세하고 미묘한 과정을 잘 인지한다. 이는 개별적인 경험을 떠나서 인류사 전체에 축적된 경험을 바탕으로 거의 진리에 가깝다고 볼 수 있다.

우울한 지성인

불운의 끝을 딛고 일어선 작가의 심오함, 도스토옙스키의 일생

표도르 도스토옙스키는 19세기 이후 문학과 사상에 엄청난 영향력을 미친 세계적인 대문호다. 특히 인간 내면과 영혼을 깊이 탐구했던 작가였다. 그는 1821년 러시아 모스크바에서 태어났다. 아버지 미하일은 빈민 구제 병원의 의사였고 매우 신경질적인 성격의 소유자였다. 내성적이고 소극적인 성격이었던 도스토옙스키는 아버지를 두려움의 대상으로 인식하며 자랐다.

유소년기에 병원 관사에서 살았기에 매일 아프고 가난한 사람들을 보며 자랐다. 정작 본인은 상류층 가정에 속했기에 안과 밖이 극적으로 대비되는 환경이었다. 친구가 없었던 그는 비슷한 나이 또래의 환자들과 이야기하는 것을 좋아했지만, 아버지는 빈민 계층의 아이들과 교류하는 것을 엄격하게 금지했다. 어렴풋하게나마 인간에 대한 연민을 품기 시작했지만, 정작 사회성은 기르기 힘든 독특한 양육 환경이었다.

13살이 되던 해에 기숙학교에 입학하지만, 역시 친구들과 잘 어울리지 못한다.(이젠 너무나 익숙한 문장이다.) 그저 문학이 좋아 홀로 독서하며 지내는 시간이 많았다. 이로부터 약 3년 뒤 어머니가 결핵으로 돌아가시고 이후 심한 우울증에 빠진다. 그 시기에 아버지는 도스토옙스키를 상트페테르부르크 소재의 육군 공병학교로 보냈다. 그러잖아도 풍부한 감성을 지닌 문학 소년에게 군대식 교육은 너무나도 견디기 힘든 고역이었다. 심지어 18세 무렵에 아버지도 세상을 떠나면서 외로움과 죽음이라는 개념이 뼛속 깊이 스며든다.

우여곡절 끝에 군사 학교를 졸업하고 장교로 임관했지만, 군인의 삶을 영위하는 데는 추호도 관심이 없었다. 우울증은 여전했지만, 틈틈이 창작 활동에 전념했고 결국 전업 작가가 되기로 서서히 뜻을 굳힌다. 그리고 나온 첫 작품이 소외된 사람들의 비극을 다룬 『가난한 사람들』인데 예상외로 큰 인기를 얻게 된다. 작가로서 꽤 화려한 데뷔를 한 셈이다.

도스토옙스키는 뜻을 함께하는 청년들과 독서 모임을 가졌다. 이때 민중 계몽의 내용이 담겨 금서로 지정된 『고골에게 보내는 편지』를 낭독한 혐의로 당국에 체포된다. 감옥에 약 8개월간 감금되었다가 결국 사형을 선고받기에 이른다. 사형장까지 끌려가 기둥에 묶이게 되지만, 형 집행 직전에 황제의 칙사가 등장해서 가까스로 목숨을 건진다. 당시 러시아의 황제는 차르 니콜라이 1세였고 그는 자유사상가를 심하게 탄압했다. 그는 극적인 연출로 겁을 주기 위해 이런 처형 쇼를 꾸민 적이 여러 번 있었다.

사형을 면한 도스토옙스키는 시베리아 한복판에 위치한 옴스크 감옥으로 끌려가게 된다. 어쩌면 차라리 죽는 게 나았을지도 모른다. 말 그대로 지옥이었다. 정치범뿐만이 아니라 사형수 등 온갖 강력 사범들이 모인 곳이었고 영하 50도가 일상인 곳이었다. 도스토옙스키는 4년 이상 이곳에서 강제 노역을 했다. 심지어 출옥 후에도 집으로 돌아오지 못한다. 중앙아시아에서 약 5년 정도 군 복무를 해야만 했다. 도합 10여 년의 기나긴 고난이었고, 기록에 의하면 그는 당시 거의 말이 없었다고 한다.

아마도 상상을 초월하는 고통을 맞닥뜨리며 깊은 내면세계로 침잠했다고 추측된다. 인간의 내면은 물론이고 고통, 운명, 영혼, 신, 삶과 죽음 등 형이상학적인 주제를 매우 깊이 고찰했을 것이다. 그리고 역설적으로 삶이 주는 고통은 가난한 사람들과 소외당한 사람들에 대한 연민을 더 키우는 기폭제가 되었다.

제대 후 고향으로 돌아온 그는 시베리아에서의 징역 생활을 바탕으로 한 소설 『죽음의 집의 기록』 등을 비롯하여 여러 권의 책을 출간하며 문단에 복귀한다. 하지만 삶은 여전히 순탄치 못했다. 출판 사업을 시작하지만, 연거푸 실패하였다. 아내도 지독한 폐병에 시달리다 결국 사망하며 그의 우울증은 극에 달한다. 얼마나 힘겨웠을까만은, 그의 정신은 여전히 굴복하지 않는다. 오히려 더 깊은 심연 속으로 들어가 내면에 자신만의 광활한 우주를 창조했다. 그 아득한 몰입 끝에 탄생한 작품이 바로 『죄와 벌』, 『악령』, 『카라마조프의 형제』 등과 같은 걸작이다.

그의 문학은 심오하며 진지함의 끝이었다. 도스토옙스키는 인간 본성의 어두운 면과 인간 내면의 복잡성을 누구보다 깊이 탐구했고 그 정신적 모험을 글로 승화시켰다. 진정한 의미에서의 예술가였다. 60세의 나이로 세상을 떠난 그는 영국의 셰익스피어와 견주어질 만큼 러시아를 대표하는 작가로 인정받았다.

고난에 담긴 진정한 의미

청나라 말기의 학자 왕국유는 중국 전통 문학과 서구의 문학을 잘 융합하여 새로운 문학관을 만든 인물로 꼽힌다. 그의 대표적 저서 『인간 사화』에 수록된 '인생삼경계'에는 고금을 통틀어, 위대한 업적이나 학문을 성취한 위인들은 반드시 살면서 이 세 단계의 과정을 거친다고 통찰한다.

1. 하늘을 보며 큰 뜻을 품는다.

2. 하는 일이 모두 꼬이는 고난의 시기가 온다.

3. 멀게만 느껴지던 정답이 고개를 돌려보니 나타난다.

먼저 자신의 소명을 깨닫고, 그다음 걱정 근심이 끊이지 않는 시기가 찾아온다. 그 과정을 거친 뒤, 자연스럽게 지혜를 얻을 수 있다는 의미다.

우울한 지성인

맹자의 『고자장구(告子章句)』에도 유사한 인사이트가 담겨 있다. 하늘이 어떤 사람에게 큰일을 맡기려 할 때는 반드시 몸과 마음을 지치게 하여 인내심을 먼저 키운다는 내용이다. 그 이유는 단단함을 길러 남들이 능히 하지 못하는 어려운 일을 감당하도록 하기 위해서라고 설명한다.

어느 시대에서나 현자들은 어두운 밤의 시기를 거쳐야 단련되고 성장할 수 있음을 강조했다. 우주는 본질적으로 음과 양의 조화와 전체적인 균형을 이루려고 하는 성질을 가지고 있기 때문이다. 누군가 자신의 한계를 넘어 운명을 개척하고자 한다면 이는 자연법칙의 입장에서는 사실상 균형의 에너지를 깨뜨리는 도발적 행위다. 자연스레 그 과도기에서 상당한 저항의 힘이 수반될 수밖에 없다. 하지만 큰 뜻을 펼치고자 한다면 반드시 그 저항에 직면해야만 한다. 그래서 필자는 단언한다. **깊은 심연을 경험하지 못한 사람은 깊이가 담긴 말과 글을 절대 이해할 수 없다.**

그러나 이 대목에서 헷갈리지 말아야 할 부분이 있다. 힘든 시기 후에 성장한다는 관점은 선형적인 시간 개념에 갇힌 발상이기에 '고난' 그 자체가 가치 있는 개념으로 인식되는 것은 오해다. 핵심은 그 고난 속에서 내 내면의 어떤 부분이 이를 초래했는가 성찰하고 이를 전환의 계기로 연결시킬 줄 알아야 한다는 부분이다. 나아가 고통을 마주하고 이를 온전히 받아들이는 단계에 접어들면 초연함이나 평정심을 유지하는 능력이 올라간다. 이

때 자신이 겪은 고난에 고유한 의미가 부여되는 과정을 통해서 내적 성장이 따라온다. 온전히 자기 자신의 삶을 산다는 것이 어떤 의미인지 깨달아야 하는 것, 그것이 생각하는 인간의 숙명이다.

Chapter 19
자살은 참으로 진지한 철학적 문제다

어니스트 헤밍웨이 (Ernest Miller Hemingway)

"모든 사람의 삶은 결국 같은 방법으로 끝납니다. 단지 어떻게 살았는
지만 다를 뿐입니다."

-어니스트 헤밍웨이

불우한 유년 시절이라는 자산

작가 헤밍웨이는 얼핏 보기에 지금까지 살펴본 인물들과는 성향이 조금 달랐다. 그는 마초적인 성격으로 남자다움의 상징이었다. 그러나 그것은 표면적인 특징이었을 뿐 실제 그의 삶은 우울증과 불면증, 자살 충동 등 악몽의 연속이었다. 그 심적 고통은 위대한 창작의 원천이기도 했지만, 끝내 그는 자살을 선택했다. 헤밍웨이가 생전에 남긴 한마디 말이 예사롭지 않게 다가온다.

"작가의 가장 큰 자산은 불우한 유년 시절이다."

역사적 맥락에서 큰 족적을 남긴 인물들의 생애를 주의 깊게 살펴보면 그들의 유별난 캐릭터가 아픔으로 점철된 유소년기와 모종의 접점이 있다는 심증이 갈 수밖에 없다. 굴곡진 어린 시절이 뭔가 특별한 일을 하는 것으로 발현되기 위해 심어진 씨앗이라고나 할까. 마치 어둠을 깊이 체험한 대가로 고도의 창의성을 얻게 됨을 미리 알고 태어난 듯 말이다.

종교개혁을 주도했던 마틴 루터의 경우도 매우 심한 가정 폭력을 당하며 자랐다. 김병오 작가의 저서 『영혼과 우울증』에는 다음과 같은 루터의 회상이 인용되어 있다.

"나의 부모님은 매우 엄했다. 나를 소심하게 할 정도까지 그렇게 하셨다. 단지 밤 하나를 훔쳤다는 이유로 피가 날 정도로 매질을 하기도 했다. 그들의 엄한 교육은 결국 나를 수도원에 들어가게 했다."

루터의 심리 상태를 연구한 폴 라이터 박사는 아버지의 엄한 교육이 루터의 신경증을 키웠다고 진단했다. 그것이 지독한 우울증과 반항심으로 이어지고, 아이러니하게도 이것이 그가 종교 개혁을 할 수 있었던 원동력이라고 평가했다. (처칠 편에서 그 로직을 충분히 설명했다.)

유소년기를 안정된 가정에서 보냈느냐 아니냐의 차이는 매우 클 수밖에 없다. 사랑이 충만하여 타인에게 사랑을 주는 법을 아는 부모를 만나는 것은 인생을 통틀어 최고의 선물이다. 하지만 그것이 모두에게 가능한 것은 아니다. 부모에게 사랑 에너지가 결핍되어 있으면 이는 어떤 형태로든 자녀에게 짙은 그늘을 만든다. 특히 어린 시절에 경험하는 어두움은 스스로 그 상황을 탈피할 엄두를 내기 어렵고, 아이들은 모든 상황을 자기 잘못으로 내면화해 버린다.

즉 자신에게 문제가 있다고 생각하거나 혹은 억울함을 간직한 채 살아간다. 결국 내면의 불안과 공포, 수치심, 죄책감, 불만 등이 해소되지 않은 채 평생 따라다니는 검은 그림자가 되어 부정적인 스토리텔링으로 스스로를 괴롭힌다. 프로이트에 따르면 이러한 무의식적 죄책감이 우울증, 강박증, 신경증 등 다양한 임상적 증상을 불러온다.

진정한 인격의 성장을 이루려면 그 부정적 서사의 방향을 틀어 과거를 바라보는 관점을 바꾸어야 한다. 하지만 위대한 작가들조차 이 과정을 넘어서지 못한 채 영원한 사춘기에 머물렀던 경우가 많다. 어니스트 헤밍웨이, 찰스 디킨스, 프란츠 카프카 등 대표적인 대문호들이 유사한 패턴을 보였다. 그들은 어린 시절에 제대로 된 사랑을 받지 못했다고 부모를 원망하며 일평생 피해의식에 머물렀다. 그리고 자신들의 소설 속에서 부모에 대한 원망과 복수심을 은근히 녹여냈다. 마음속 깊은 곳에는 부모가 그것을 보고 깨닫기를 바라는 얄팍한 어린아이의 마음도 숨어 있었다.

하지만 상처받은 무의식의 칼날을 끌어안고 사는 것은 끊임없이 스스로를 고문하는 길이다. 물론 헤밍웨이의 말마따나 내면의 상처를 승화시켜 창조성을 폭발시키는 것도 좋지만, 이와 함께 반드시 과거의 기억에 대한 해석을 바꾸는 작업도 해야만 한다. 용서와 놓아버림을 기반으로 한 기억의 재맥락화로 트라우마를 치유하는 것은 결국 자기 자신을 위한 선물이다. 안타깝게도 천재 작가 헤밍웨이는 그 작업에는 실패했던 것 같다.

삶 자체가 예술이었던 작가, 헤밍웨이의 일생

어니스트 헤밍웨이는 20세기 가장 유명한 소설가 중 한 명으로 꼽힌다. 그는 1899년 미국 시카고 근교에서 마초적인 성격의 의사 아버지와 성악가 어머니 사이에서 태어났다. 집안 분위기는 매우 보수적이었다. 부모님은 신앙심이 매우 깊었고 세세한 기독교 규율조차 매우 철저히 따랐다. 조금이라도 이에 어긋날 시 아이들에게 심한 체벌을 가했다. 헤밍웨이는 이미 어린 시절부터 종교의 교리가 정의하는 '신'에 대한 의문을 품었다. 아마도 아무리 훌륭한 교리가 있다고 할지라도, 근본적으로 부족한 인간성과는 온전한 합치를 이루지 못한다는 것을 어렴풋이나마 짐작했으리라.

어머니는 아들에게 첼로를 배우도록 강요했고, 여자아이의 옷을 입히는 등 억지스러운 면모를 보였다. 특히 헤밍웨이는 여장을 한 채 사교모임에 참석하는 것을 지속해서 강요당했는데 이는 누나와 쌍둥이처럼 보이게 하기 위한 어머니의 엇나간 욕심이었다. 헤밍웨이는 그 상황을 극도로 싫어했다. 그리고 유소년기의 성 정체성 혼란은 훗날 과도한 남성성에 대한 집착으로 이어진다. 그 외에도 모자간의 관계에서 지속적인 갈등이 있었고, 결국 헤밍웨이는 어머니를 평생 원망하면서 살게 된다. 심지어 훗날 모친상을 당했을 때도 글을 쓰느라 바쁘다며 외면하는 모습을 보였다.

고등학교에서는 복싱이나 육상, 축구 등 여러 스포츠를 즐겼고, 특히 글쓰기에 뛰어난 소질을 보였다. 대학 진학은 포기하고 기자로 사회생활의 첫발을 내디뎠다. 그가 근무했던 신문사에는 명료하고 간결한 문장을 사용하여 기사를 써야 하는 매우 엄격한 규칙이 있었다. 기자들은 열심히 사전을 들여다보며 상황에 꼭 알맞은 단어 선정을 하기 위해 많은 노력을 기울였다. 그리고 이러한 트레이닝은 훗날 헤밍웨이 특유의 간결한 문체가 완성되는 기틀이 되었다.

제1차 세계대전이 발발하자 참전을 자원하지만, 육군 신체검사에서 탈락한다. 대신 그는 적십자사 소속의 구급차 운전사로 지원하여 민간인 신분으로 참전하게 된다. 당시의 경험을 토대로 나온 책이 『무기여 잘 있거라』이다. 이 작품 이후 스타 작가의 반열에 오르게 되고 이후 파리로 건너가 약 6년 정도 체류하며 다양한 작가와 예술가들과 교류하며 문학인으로서의 커리어를 쌓아간다. 37세 무렵에는 스페인 내전에도 참전하는데, 그 이후에도 여러 번 전쟁에 자원했다. 일생동안 그가 자원하여 전쟁터로 뛰어든 경우는 총 다섯 번이다.

취미는 사냥이나 투우 등 주로 위험한 액티비티를 즐겼다. 잦은 음주 운전으로 교통사고도 여러 번 당했다. 정신분석가들은 헤밍웨이의 이러한 특성을 신경증 질환에서 벗어나려는 몸부림이었다고 해석한다. 아마 지속적으로 전쟁에 자원했던 경향도 그와 맞물려 있을 수 있다. 한마디로 감각적 충격이 필요했다. 교감 신경계를 자극하여 틀어진 자율 신경계의 균형을 맞추려는 무의식적 의지가 겉으로는 강한 자극에 목말라하는 형태로 드러났을 수 있다. 흔히 아드레날린 중독이라 불린다.

여자관계는 복잡한 편이었다. 일생 동안 총 네 번의 결혼을 하게 되는데 두 번째 부인이었던 폴린은 이렇게 회상했다.

"바람을 피던 헤밍웨이는 두 명의 여자에게 사랑받는 자신을 매우 자랑스럽게 여겼다."

어긋난 모자 관계에서 비롯된 건강하지 못한 애착 형성이 평생 영향을 미쳤음을 유추할 수 있다. 그는 또한 극심한 조울증을 앓았고 이 때문에 자기 파괴적 성향을 드러내기도 했다. 그래서 글을 쓸 때도 밤을 새우는 버릇이 있었다. 특히 1924년 한 해 단편 소설 7편을 썼다. 당시 그가 쓴 편지에는 이런 표현이 나온다.

"3주째 잠을 안 자고 있다, 머릿속에서 밤새 달리는 느낌이다."

조증이 극에 달했던 상황이었음이 짐작된다. 어쩌면 지칠 줄 모르는 창작 활동도 일종의 방어 기제였고, 만약 그것이 맞다면 그가 쉬지 않고 글을 썼던 이유는 '죽지 않기 위해서'였다고 볼 수 있다.

헤밍웨이는 1940년대 초중반 극심한 우울증에 시달리다 결국 미국 생활을 정리하고, 쿠바로 이주한다. 한동안 글을 쓰지 않았지만, 작가의 본능은 서서히 되살아났다. 그에게 글쓰기란 무의식적 결핍과 불안을 극복하고자 하는 노력이자 자기 치유의 과정이었다. 틈틈이 집필 활동을 이어간 그는 1952년 『노인과 바다』를 발표한다. 소설은 늙고, 고독하며, 운도 지지리도 없는 주인공이 삶을 그저 묵묵히 받아들이는 모습을 보여준다. 세상은 그의 작품에 열광했고 1953년 퓰리처상을 수상한다. 그리고 이듬해인 1954년, 그토록 염원했던 노벨 문학상까지 연달아 수상한다.

명성이 절정에 이르렀던 그즈음 헤밍웨이의 정신은 완전히 무너져 폭음을 일삼았다. 더 이상 짧은 문장조차도 제대로 쓸 수 없는 지경이 되었다. 심한 우울증과 망상 증상에 시달리던 그는 결국 엽총에 산탄 2발을 넣고 자살한다. 헤밍웨이의 삶을 보면 인간의 취약성과 강인함 양극단을 누구보다 깊이 있게 경험했던 인간이 아니었나 싶다. 인생 자체를 예술로 산다는 것이 어쩌면 이런 삶일까. 아마 오스카 와일드라면 분명 그렇다고 답했을 것이다.

죽느냐 사느냐 그것이 문제로다

헤밍웨이 외에도 유명 작가의 자살 케이스는 더 있다. 20세기 일본 근대 문학을 대표하는 작가 다자이 오사무는 "태어나서 죄송합니다."라는 말을 남기고 자살했다. 근현대 페미니즘 사상에 큰 영향을 준 영국의 작가 버지니아 울프도 오랜 우울증에 시달리다 끝내 스스로 목숨을 끊었다.

그리고 비록 극단적인 선택을 하지는 않았지만, 죽음을 가까이 느끼고 살았던 작가들도 있다. 중국을 대표하는 작가 찬쉐는 평생 글쓰기에 천착한 이유가 "자살하지 않기 위해서"라고 고백했다. 앞서 처칠 편에서 그의 자살 충동도 언급한 바 있다. 대문호 톨스토이의 작품 『고백』 중에서도 작가 본인의 무의식적 자기 파괴 욕구와 자살 충동을 언급한다.

많은 천재 작가들을 고통으로 몰아넣은 그 감정의 '뿌리'는 대체 무엇이었을까? 자살 충동은 정녕 심신미약의 상징에 불과한가? 알베르 카뮈(역시 노벨 문학상 수상자다.)는 삶의 부조리와 자살 충동 간에 밀접한 연관이 있다고 보았고, 자살에 대한 고찰이야말로 '유일하게 참으로 진지한 철학적 문제'라고 평가했다. 조심스러운 이야기이지만, 인간의 심층 의식에 은밀한 '소멸 욕구'가 있다는 것은 많은 철학자들과 심리학자들이 인정해 온 사실이다. 삶의 고됨을 끝낼 수 있다는 달콤하지만 어두운 환상이다. 특히 부조리를 강하게 느낄수록 그 어두움은 수면위로 높이 떠오른다.

그러한 감정의 혼란을 글이나 기타 예술적인 행위로 승화하고자 하는 것은 정신적 출구를 향한 일종의 몸부림이다. 억눌린 감정을 표현하며 존재를 증명하는 행위가 다른 생각을 못 하도록 정신을 붙잡아두기 때문이다. 자기 내면에 억눌린 감정을 정화하면서 자기 살길을 찾는 과정이다. **나를 위하면서도 동시에 공동체를 위한 것이기도 한 이 아이러니한 욕구가 바로 자살을 방지하는 기능을 한다.**

미술비평가 최광진 박사의 저서 『창조적 인간으로 살아가기』에서는 아래와 같이 통찰한다.

"진정으로 창작의 희열을 맛본 작가가 작업을 포기하는 것은 마약 중독자가 마약을 끊기보다 어렵다. 창작은 인간에게 가장 근원적인 쾌감을 안겨주기 때문이다."

결국 그것이 무의식적 치유와 정화의 과정임을 알기에 매달리게 되고, 동시에 그것이 아니면 자신이 죽을 수도 있겠다는 짙은 어두움도 인식하는 것이다. 환각이지만 구원이기도 한 그 '감정의 맛'을 알아버렸다는 뜻이기도 하다. 죽음을 가까이 느끼는 사람은 동시에 누구보다 삶을 깊이 느끼는 사람들이다. 죽음을 깊이 고민한다는 것은 결국 왜 태어났으며 왜 사는가를 고민하는 것과 같은 말이고, 그만큼 진지한 자기 성찰도 한다는 의미다. 하지만 그러다 도저히 삶의 의미를 못 찾겠다는 결론에 다다르면 자살을 실행하게 되는 양날의 검이기도 하다. 물론 죽음이 정말로 불행한 일인지는 누구도 알 수 없지만 말이다.

Chapter 20

혼자가 될 용기 그리고 사회와의 더 큰 연결성

아이작 뉴턴 (Isaac Newton)

"굳은 인내와 노력이 없었던 천재는 이 세상에 존재하지 않았다."

-아이작 뉴턴

창조적 휴가로서의 고립

 뉴턴은 과학사의 한 획을 그은 인물로 잘 알려졌지만, 정작 본인 스스로는 철학자에 더 가깝다고 여겼다. 그만큼 사물을 달리 보는 습관이나 훈련, 그리고 끊임없는 생각이 습관화된 인물이었다. 그런 그에게 혼자 있는 시간은 필수였다. 미국의 작가 제임스 글릭은 "고독은 뉴턴의 천재성에서 없어서는 안될 일부였다."라고 말한다. 실제로 뉴턴은 독립적인 성향이 매우 강했고, 고립된 환경을 잘 활용하여 창조성을 극대화하는 법을 알고 있었다. 그 외 유명한 작가 중에서도 J.D. 샐린저, 에밀리 디킨슨, 헨리 소로 등이 은둔 생활로 유명했다. 몽테뉴, 스피노자, 칸트, 쇼펜하우어 등의 철학자들도 사실상 은둔형 외톨이였다.

 흔히 천재의 은둔 생활은 반사회적 경향이라고 오해되기 쉽지만, 보통 사람들이 쉽사리 이해하지 못하는 부분이 있다. 그들은 내면에 큰 우주를 품고 있다는 사실이다. 심원한 내면의 세계와 대면하고 순도 높은 자신과 마주함을 느낀다. 즉 그들에게 세상과의 한시적 단절이란 본인만의 독창성을 발견하는 데 꼭 필요한 고요함을 본능적으로 찾아가는 시간이기도 하다. 물론 혼자가 된다는 것은 엄청난 정신적 용기가 필요하기에 아무나 할 수 있는 것은 아니다. 일반적으로 사람들이 가장 두려워하는 것이 소외감, 분리감, 사회에서의 이탈이기 때문이다.

하지만 정신적 천재는 완전한 고독 속에서도 자신의 생각과 사유를 통해서 즐거움을 느낄 수 있는 유형의 인간이다. 끊임없이 외부 세계의 직간접적인 영향을 받는 상태가 아니라 내 마음의 중심을 잡는 것에 집중하기에 혼자 있어도 불안감을 훨씬 덜 느낀다. 불교의 창시자 석가가 "참된 내면의 행복은 혼자 있을 때 온다."라고 통찰한 것은 이를 일찌감치 깨달았기 때문이다.

정신없이 바쁜 삶을 살아가는 현대인들에게는 제대로 된 내적 성찰을 할 기회가 없다. 피상적 관계에 휘둘리고, 소속감은 곧 안정감이 되어 그 틀을 벗어나기가 힘들다. 그러나 고독한 시간의 긍정적인 의미를 깨닫는다면 새로운 시각으로 세상을 바라볼 수 있게 된다. 결국 모든 문제의 해답은 자신에게 있다는 것도 알게 된다. 자유와 해방감은 물론, 나아가 외로움도 끌어안을 수 있다. 홀로 고립된 시간은 창조적 휴가이며 이는 사유하는 지적인 인간에게 신이 주신 선물이다.

빛이 나는 솔로, 뉴턴의 일생

아이작 뉴턴은 1643년 영국 울즈 소프에서 태어났다. 출생 당시 미숙아였는데 체구가 너무 작아서 모두 아이가 곧 죽을 거라고 예상했다. 유소년기 전반의 삶은 암울 그 자체였다. 그가 태어나기 몇 달 전, 이미 아버지는 돌아가셨다. 어머니 해나는 3살 난 아들을 외할머니에게 맡기고 이웃 마을의 늙은 목사와 재혼했다.

뉴턴은 부모님의 사랑을 제대로 받아보지 못했고, 몸은 매우 병약했다. 말수도 매우 적었고 늘 침울했다. 극도로 예민했던 아이에게 학교생활은 지옥이었고, 당연히 친구들과도 잘 어울리지 못했다. (이쯤 되면 공식인 듯) 뉴턴은 책을 좋아했고, 유달리 기계 만지는 것을 좋아했다. 특히 이상한 기계를 발명하는 것이 취미일 정도로 비범함의 싹을 드러냈다.

뉴턴이 9살이 되던 해에 어머니를 찾아갔지만, 전혀 반겨주지 않는 모습에 충격을 받기도 했다. 얼마나 큰 상처였는지 훗날 뉴턴이 쓴 일기엔 당시에 느꼈던 감정을 회상한 대목이 있다.

"새아버지와 어머니를 찾아가 그들의 집을 불태우겠다. 새아버지가 죽었으면 좋겠다."

13살 되던 무렵에 어머니가 재혼했던 남편과 사별하고 다시 집(외가)으로 되돌아왔다. 그러나 그녀는 아들의 천재성을 전혀 알아보지 못했다. 오히려 아들이 학교에 나가려는 것을 말리고 농장 일을 시킬 정도로 무지했다. 그나마 다행이었던 사실은 외삼촌이 뉴턴의 총명함을 알아보고 공부를 계속 시키도록 설득한 점이다.

우여곡절 끝에 명문 케임브리지 대학교에 진학했다. 이때까지만 하더라도 동급생들에 비해 큰 두각을 드러내는 학생은 아니었다. 후대의 과학자들이 말하는 뉴턴의 전성기는 22살부터 24살 사이의 시기다. 페스트가 창궐하여 고향으로 되돌아와 홀로 사색하고 독학했던 시간인데, 소위 창조적 휴가라고도 불린다. 이 시간 동안 미적분학이나 만유인력의 법칙 등 세상을 뒤집는 다양한 개념의 토대가 잡혔고, 우리가 흔히 아는 나무에서 떨어진 사과 스토리도 이 시기를 기반으로 한다.

정신분석학자들은 당시 뉴턴에게 말로 설명하기 힘든 정도의 창조성이 폭발했고, 당시 홀로 고립된 시간이 없었다면 그 위대함이 드러나지 않았을지도 모른다고 설명한다. 도대체 무슨 일이 있었던 것일까?

일본을 대표하는 소설가 무라카미 하루키의 저서 『직업으로서의 소설가』에서 약간의 힌트를 얻을 수 있을 것 같다. 하루키는 글을 쓰기 전 마음속 어두운 밑바닥을 먼저 들여다본다고 말한다. 창조성이 발현되기 전에 아주 깊은 의식의 하부로 내려가서 필요한 '양분'을 가지고 의식의 상부 영역으로 다시 끌어오는 작업이 선행되어야 한다는 것이 그의 설명이다. 깊은 명상이나 사색의 과정 등을 통해 비범한 의식 상태로 들어가는 상황을 묘사했다.

칼 융의 정신분석학에 따르면 우리의 무의식에는 어떤 창조적 영감의 호수(집단 무의식)가 있다. 일각에서는 이를 '제로 포인트 필드'라는 에너지장으로 설명하기도 한다. 즉 쉽게 표현하자면 무질서의 형태로 존재하는 수많은 잠재적 이미지가 이미 존재한다. 그 심연에 접근하여 어떤 패턴을 잡아내서 의식의 세계로 가지고 오는 작업이다. 아인슈타인이나 테슬라가 어떤 영감을 떠올리기 전 상상 놀이에 빠져있던 것도 비슷한 맥락으로 보인다. 그야말로 천재 중의 천재들의 영역이며, 당연히 혼자 있을 때 그 효과가 극대화된다. 20대 초반에 뉴턴의 창조성이 폭발한 배경이 이제 조금은 이해가 갈 것 같다.

이후 다시 학교로 돌아온 뉴턴은 졸업 후 옥스퍼드 대학에서 석사 학위를 받는다. 이후 26세의 나이에 케임브리지 대학의 교수가 된다. 당연히 본인이 원한다면 충분히 결혼하고도 남을 능력이 있었다. 그러나 고도의 집중력을 유지하고 싶었던 그는 평생 독신을 고집하고 방에 틀어박혀 연구에만 몰두한다. 이는 영감(靈感)의 발명가 니콜라 테슬라가 고도의 집중력을 유지하기 위해 평생 독신을 고집한 이유와 유사하다고 판단된다. 참고로 테슬라는 "나는 결혼한 사람 중에 훌륭한 발명을 한 사람을 보지 못했다." 라며 자신이 결혼에 뜻이 없는 이유를 명확히 밝힌 바 있다.

뉴턴은 과학에만 몰두한 것도 아니었다. 신학이나 연금술에도 깊은 조예가 있었고, 특히 많은 신학 논문을 남겨 신학자들 사이에서도 최고 수준의 전문가로 인정받을 정도였다. 훗날 아인슈타인이 뉴턴을 평가할 때도 "그는 신학 연구를 위해 천문학을 했고, 천문학을 위해 물리학을 했고, 물리학을 하기 위해 수학을 한 인물"이라고 언급할 정도였다. 심지어 그의 일평생 연구를 면밀히 살펴보고 진지하게 본업이 뭔지 따지자면 과학보다는 종교와 신학 쪽에 더 가까운 사람이라고 평가했다.

이 모든 특성을 한마디로 정리하자면 뉴턴은 사상가(Thinker)였다. 오직 생각하기 위해 혼자를 택했던 그는 인류 역사상 최고의 천재 중 한 명으로 기억된다. 진실로 생각하는 인간이었기에 인간 세상에서 그어 놓은 전문성의 경계는 무의미했다. 괴테가 그러했듯이, 다빈치가 그러했듯이, 정약용이 그러했듯이.

혼자가 될 용기

세상의 기준에 목을 매는 사람들은 다수와 동일하다는 사실에서 즐거움이나 안도를 느낀다. 가령 어떤 나이에는 어느 정도가 되어야 한다는 등 사회가 주는 메시지가 곧 자신의 믿음이 된다. 이러한 마인드의 단점은 상처에도 취약하다는 점이다. 비교, 시기, 질투 등 여기저기 해진 마음을 스스로 돌아보지 않으면 아무도 치유해 줄 수 없다.

결국 자신을 치유해 줄 수 있는 것은 자신이다. 외부 세계의 소음을 어느 정도 차단하는 방법을 터득해야만 진정한 자신을 돌아볼 수 있다. 그래서일까, 혼자 있는 시간을 강조한 지성인들이 많다.

1. 프리드리히 니체 – "어리석은 자들이 판치는 사회에서 벗어나 너만의 고독 속으로 달아나라. 그리고 그 속에서 창조의 길을 걸어라."

2. 라이너 릴케 – "고독한 것은 어려운 일이기 때문에 고독은 유익한 일임에 틀림없다. 어떤 일이 어렵다는 것은 그 일을 하기 위해 더욱더 많은 것이 요구되기 때문이다."

3. 아르투어 쇼펜하우어 – "인간은 혼자 있을 때만 온전히 그 자신일 수 있다. 그러므로 고독을 사랑하지 않는 자는 자유를 사랑하지 않는 자라고 할 수 있다."

4. 에리히 프롬 – "자신과 혼자 있을 수 없는 것도 무능력이다."

이들은 혼자가 될 용기가 없다면 아직 내면의 단단함이 부족한 것임을 꿰뚫었다. 진정한 의미에서의 주체성을 완성하려면 내면의 목소리를 들을 수 있어야 한다는 것을 강조했다.

고립의 기간 동안 스스로를 완전히 믿는 방법도 배울 수 있다. 바깥 세상의 영향 없이 자기 생각에 따라 혼자 결정하고 그에 따르는 결과를 마주하게 될 것이다. 따라서 더 열심히 속마음을 들여다보게 되고 더 지혜로워질 것이며, 스스로에 대한 확신과 자신감도 더 얻을 수 있다.

간혹 삶의 한 지점에서 어떤 큰 힘에 이끌려 한시적으로 사회적 고립이 필요한 시기가 자연스레 찾아오기도 한다. 이때 가족, 친구는 물론이며 사회적 관계망이 완전히 끊기기도 하며 대체로 인간관계가 극도로 좁아진다. 특히 한 생애를 살아가는 중에 정신적 영역에서 큰 도약을 이루는 소수의 사람이 있는데, 이들에게는 굉장히 흔히 나타나는 문제이기도 하다. 이는 기존에 살던 삶의 속도와 방향성으로는 불가능한 새로운 무언가를 준비해야 할 시기라는 의미다. 그 준비 단계에서 매우 방대한 공부나 깊은 내적 사색이 필요하기 때문에 이러한 운명을 타고난 사람들에게는 여지없이 찾아오는 인생의 한 단계다.

물론 그것이 무엇이든 너무 한쪽으로 치우쳐서는 안 된다. 당연히 혼자 있는 시간에 대한 개념을 받아들임에 있어서도 반드시 주의해야 할 부분이 있다. 제아무리 대단한 일을 하더라도 사회적 맥락을 '완전히' 벗어나면 소용이 없다. (가령 혼자 산에 들어가서 사는 등의 결단) 즉 선택적 고립은 인간관계를 철저히 차단함에 그 본 목적이 있지 않다. 그보다는 진정한 자기를 돌아보고 내면의 목소리를 듣는 과정을 위한 최적의 환경 조성이라는 측면에 더 방점을 두어야 한다.

혼자 있는 것에 초연하라는 말의 핵심은 그러한 인생의 국면을 맞은 사람들이 그 시기를 거부감 없이 자연스레 받아들이라는 말이며, 나아가 도약의 시기로 잘 활용하라는 뜻이다. 결코 반사회적 성향을 강화하거나 영구적인 사회적 고립을 자처하라는 뜻이 아니다. 그보다는 혼자여도 의연할 수 있는 정신적 성장을 통해 내가 진정으로 추구하는 것을 깨닫고, 타인(사회)의 나에 대한 영향력을 줄이는 방법을 터득하라는 것이 핵심이다. 그리고 이는 결국 나중에 세상과 더 큰 연결성을 얻기 위함이라는 것을 반드시 염두에 두어야 한다.

우울한 지성인

Chapter 21

애매한 위치에서만 보이는 것들

알베르 카뮈 (Albert Camus)

"사람은 양면성을 가지고 있다. 스스로를 사랑하지 않고는 다름을 사랑할 수 없다."

-알베르 카뮈

애매한 위치에서만 보이는 것들

1970년대, 영국 출신의 작가 쿠엔틴 크리스프는 뉴욕으로 이주해서 살면서 많은 소외감을 경험했다. 더구나 성소수자였던 그가 주변의 따가운 시선을 받으며 사는 것은 쉬운 일이 아니었다. 지인이었던 가수 스팅은 그 상황을 지켜보며 〈Englishman In New York〉이란 곡을 썼다. 이방인의 고뇌를 담은 이 노래는 많은 공감을 샀고 대히트를 쳤다.

사실 긴 인류의 역사에서 한 곳에 정주하는 삶이 당연시된 것은 극히 짧은 일부분에 불과하다. 본격적으로 문명이 발달하면서 영역이나 영토라는 개념에 민감해지기 시작했다. 그러다 보니 경쟁과 다툼이 발생하고 이는 수많은 전쟁이나 학살, 지역주의 및 인종차별 등 온갖 분쟁의 시발점이 되었다. 특히 어느 사회에서건 이방인들은 정체성의 혼돈을 겪으며 그 시간을 견뎌야 했다. 빅토르 위고의 소설 『바다의 일꾼들』에서는 그 혼란을 끌어안고 살아야 하는 자들을 이렇게 부른다.

"운석처럼 추방되어 길을 잃은 이 개개인들, 운명에서 제거된 이들을 사람들은 이민자, 망명자, 모험가라고 부른다."

어쩌면 빅토르 위고 자신도 망명 생활을 했었기에 그 심정을 누구보다 잘 알았을 것이다. 시대적 유산『레 미제라블』도 망명 생활 중 써졌다.

그러나 조금 더 깊이 들어가면 그는 역마살을 단순히 불운한 운명으로 보고 있지 않다. 오히려 그 반대다.

"자기 조국만이 편한 사람은 아직 미숙한 사람이다.
온 세상이 편하게 느껴지는 사람은 성숙한 사람이다.
그러나 온 세상이 다 낯설게 느껴지는 사람은 완전한 사람이다."

온 세상이 다 낯설다는 의미는 뭘까? 마치 다른 별에서 온 듯한 느낌이랄까, 그래서 어떤 사회나 조직에도 온전히 녹아들지 못하고 경계인으로서 존재한다. 어떤 것에도 강하게 얽매이지 않다 보니 세상을 다면적으로 보고 일상성을 '관찰자의 시선'으로 보게 된다. 결국 전체를 조망하는 시선을 가짐과 동시에, 세상 어느 곳에 있어도 낯선 기분을, 즉 '소속되지 못함'을 느낀다. 빅토르 위고는 그 묘한 감정을 정말이지 기가 막히게 묘사했다.

우울한 지성인

경계를 넘나들며 이쪽과 저쪽을 다 볼 수 있는 넓은 시야가 생긴 탓에 어느 한쪽에도 완전히 속하지는 못한다. 하지만 그렇기에 더 많은 것을 볼 수 있다. 남들이 못 보는 측면도 볼 수 있다. 작가 에릭 와이너는 『천재의 지도』라는 저서에서 다음과 같이 말한다.

"세상을 다른 시각으로 보는 법을 알기만 해도 가능성이 열리고 인지 유연성이 향상된다. 이방인들은 자신의 인생 경험을 통해 이런 대안적 시각에 노출된다."

다만 착각해서는 안 되는 부분이 있다. 가령 모든 이민자가 그 범주에 속한다는 식의 단순한 논리가 아니다. 오직 '생각하는 인간'에게만 그 경험이 제대로 통하기 때문이다.

어디에도 완전히 편입되지 못했던 운명, 카뮈의 일생

소설 『이방인』으로 널리 알려진 작가 알베르 카뮈의 수식어는 20세기의 양심이다. 그만큼 주변 상황에 휘둘리지 않고 자신의 원칙과 신념을 고수했던 인물이었다. 카뮈는 1913년 알제리에서 태어났다. 그는 피에 누아르 (Pied Noir)였다. '검은 발'이라는 뜻의 프랑스어인데 알제리에서 태어난 프랑스인 이민자의 후손(*가난했던)을 조롱 조로 부르는 말이다. 1살 때 아버지가 돌아가셨고, 어머니 카트린은 청각장애인이었다. 외할머니와 함께 살았고 풍족하지 못한 유소년기는 필연적이었다.

축구를 좋아하는 아이였지만, 외할머니는 신발이 닳는다는 이유로 축구를 금지했다. 간혹 축구를 하고 돌아오는 날이면 심하게 혼이 났다. 사실상 가난 정도가 아니라 극빈의 삶이었다. 외할머니는 카뮈가 초등학교를 졸업하기만을 기다렸다. 근처 상점에서 일을 시키기 위해서였다. 그러나 똑똑한 카뮈를 알아본 선생님의 간곡한 부탁으로 중학교에 진학한다. 단 방학 때는 돈을 벌어야 한다는 한 가지 조건이 붙었다. 공부는 잘하는 편이었지만, 몸이 너무 병약했다. 학창 시절 내내 결핵이 그를 괴롭혔다. 졸업 후 대학 진학은 포기한 채 자동차 수리공, 가정교사, 기상청 인턴 등 각종 임시직을 전전하게 된다.

1935년, 프랑스 공산당에 가입하여 좌익 운동을 시작한다. 이듬해 조금 더 독립적인 성향의 알제리 공산당에도 가입하는데 이 때문에 당에서 제명당하는 일을 겪는다. 그에게는 주변의 압박보다 자신이 추구하는 것을 적극적으로 탐구하는 과정이 더 중요했다. 그가 20대에 쓴 편지를 보면 공산당에 가입은 하지만, 결코 특정 이념에 세뇌당하지는 않을 것이라고 딱 부러지게 쓴 대목이 있다. 추측건대 독일의 파시즘을 혐오했기 때문에 당시 이에 대항하던 공산당에 우선 힘을 싣는 것이 급한 불이라고 여긴 듯하다. 쉽게 말해 완전히 녹아든 것이 아니라 차악을 선택하는 개념에 더 가까웠

우울한 지성인

다고 보인다. 실제로 그는 좌파의 위선이나 전체주의적 스타일을 비판하는 데도 주저하지 않았다.

제2차 세계 대전이 발발하고 나치 독일에 저항하기 위해 레지스탕스 조직 콩바(Combat)에 가담하여 적극적인 집필 활동을 했다. 그러나 연합군이 승리한 뒤 미국이 일본에 원자폭탄을 투하한 사건에 대해서는 또 반대하는 논설을 썼다. 당시 프랑스 지식인으로서 이러한 견해를 가진 사람은 드물었다. 집단적 분위기에 휩쓸리지 않는 그의 독립적 성향이 잘 드러난다.

그의 인생이 본격적으로 궤도에 오른 것은 당시 프랑스 최고의 지식인이었던 장 폴 사르트르를 만나면서부터다. 이미 영향력이 상당했던 사르트르는 카뮈의 천재성을 알아보았고 물심양면으로 끌어준다. 카뮈는 서서히 명성을 얻어가고 있었지만, 그래도 주류 지식인 사회에 완전히 편입되지는 못했다. 문학계에서는 그랑제콜(명문대 개념이다.) 출신이 아니었고, 파리에서는 알제리 출신 촌놈이었다. 역시 경계선에 서 있었다.

한때 공산주의를 지지했지만, 그 이념에 내재된 폭력성과 억압성을 주의 깊게 살펴보며 살짝 중도적인 입장을 취했다. 우파, 좌파, 기독교 등 잘못된 점이 보이면 있는 그대로 비판했다. 카뮈가 보기에 인간 세상에서 절대적인 진리나 우열이란 것은 존재할 수 없었다. 그저 아닌 건 아니라고 말해야 했다. 권위와 조직을 싫어하는 성향 탓에 그야말로 외로운 길을 걸었다. 카뮈의 작품에서 드러나는 '이방인'이나 '반항인' 등의 키워드에서 고립과 외로움, 한편으로는 인생의 무의미함을 엿볼 수 있다.

이후 폐결핵과 싸우면서도 꾸준히 인권 운동과 집필 활동을 이어간 그는 1957년, 노벨 문학상을 수상한다. 43세의 나이에 작가로서 최고의 영예를 안은 셈이다. 하지만 그로부터 3년도 채 지나지 않아 교통사고로 사망하며 비운의 천재로 남게 된다.

2009년, 당시 프랑스 대통령 사르코지는 카뮈의 문학과 사상을 깊이 존경한다고 말했다. 우파 대통령이 좌파 운동권에 몸담았던 사상가를 존경한다고 밝힌 대목이 많은 것을 설명한다. 어느 곳에도 완전히 속하지 않았지만, 반대로 누구나 아우를 수도 있음을 함의한다. 진정한 경계인의 삶이었다.

이방인, 경계인, 비주류

경계인이란 집단이나 사회의 주변부에 자리하면서 성원(成員)의 지위나 역할을 완전하게 갖고 있지 않은, 이른바 '주변인'의 의미로 사용되는 말이다. 물론 이민 등에 의해 다른 나라로 이주한 사람을 의미하기도 하지만, 꼭 그것만을 의미하지는 않는다. 가령 본업이 연극배우인데 일이 잘 풀리지 않아 식당에서 아르바이트하고 있는 등의 상황도 일례로 들어볼 수 있겠다. 그 외 신분 이동이나 나이를 먹어감에 겪는 정체성 혼란 등 쉽게 말해 애매하게 걸쳐있는 상황이다.

그런데 학문의 영역에서도 경계인이라는 개념이 존재한다. 가령 세계적인 역사학자이자 작가인 유발 하라리는 생물학과 역사학의 경계를 넘나들면서 집필 활동을 하는 탓에 동료 학자들에게 비판받았다. 당신이 생물학자냐 역사학자냐는 등의 시기와 질투 섞인 유치한 공격이 많았다.

베스트셀러 『코스모스』의 저자이자 천문학자 칼 세이건의 경우도 유사하다. 그는 대중에게 쉬운 언어로 과학지식을 소개하는 학자로 유명하다. 하지만 많은 학자들의 시샘 어린 비판, 즉 이도 저도 아니라거나 가볍다는 식의 비판을 피할 수 없었다. 칼 세이건이 늘 주장하는 것이 비판적 사고, 다양한 경험, 학문 간 경계 파괴였기 때문이다.

전통적으로 학계에서는 조금 다른 것 혹은 비주류 분야를 연구하는 것에 대한 텃세와 배척이 늘 있었다. 물론 이를 지적하는 지성인들의 목소리도 항상 있었지만, 그 목소리에 큰 힘이 실리지는 못했다. 어차피 해봐야 조직의 힘에 밀려 피해의식으로 치부되기 일쑤였다. 『엔트로피』의 저자 제레미 리프킨은 책에서 이렇게 말한다.

"명망 있는 학자라면 자신의 연구 결과를 다른 학문과 비교, 검토해 보는 일은 생각조차 하지 않을 것이다. 여러 분야를 포괄하는 종합적인 연구는 '진지하지 못한 것'으로 낙인찍히기 십상이다."

제레미 리프킨 또한 자연과학, 경제학, 인문학을 융합하는 작업을 꾸준히 해온 탓에 많은 오해를 받았다. 그래서 그는 기존의 학자들을 '장님'에 빗대어 세상을 전체적으로 바라보는 시각이 결여되어 있음을 지적한다.

마빈 토케이어의 『유대인 수업』에도 비슷한 대목이 나온다.

"폭넓게 많은 지식을 잡학이라고 여긴 것은 머리가 굳은 학자들이었다. 하지만 역사상 뛰어난 학자들은 모두가 잡학의 대가였다."

그 외에도 이어령, 리처드 도킨스, 제레드 다이아몬드, 대니얼 카너먼 등 세계적인 사상가(Thinker)들의 글을 읽어봐도 유사한 맥락의 발언을 찾아볼 수 있다. 과연 우연일까?

현자들은 하나같이 좁은 범위만 바라보며 '안다는 착각'에 사로잡힌 주류 학자들의 사고방식을 경계했다. 앞뒤가 꽉 막힌 학문의 세계에서 비주류가 되는 것을 각오하고 오롯이 자신만을 길을 개척한 인물들이 결국 빛을 보

우울한 지성인

고 난 뒤 그 어려움을 토로한 흔적들이다.

하지만 역시 세상의 방향성이란 것이 그리 만만하지 않다. 현실적으로는 조직이나 양식에 부합하는 인물이 되어야만 안정성을 확보하기 유리하다는 측면은 무시할 수가 없다. 조직의 보호를 받고 있지 않다면 현실에서 이도 저도 아닌 것으로 치부되는 것을 감내해야 한다. 주류에게는 무시당하고 일반인들에게는 이상한 사람 취급 또는 배척을 받는다. 내공 입증을 온전히 자신의 힘으로 해내야 하기에 정말 고행길을 걸어야 한다.

하지만 역설적으로 마인드에 경계가 없는 쪽은 경계인이다. 오직 그들에게서만 독창성과 전위적 통찰을 기대할 수 있다. 그래서 아인슈타인은 다음과 같이 말했다.

"다수에 속하는 자는 소수에 속하는 자의 고뇌를 절대 모른다. 그래서 그들은 깊은 사유를 할 필요가 없다. 그래서 인류 역사를 바꾸는 아이디어는 소수 그룹에서 나온다."

자신만의 길을 펼치는 천재들은 지극히 외로운 싸움을 해야 한다. 적당한 중간이라는 것이 없기에 아예 압도적인 성과로 두각을 드러내기 전까지는 대부분 오해와 멸시의 눈초리를 견뎌야 한다. 그만큼 힘든 과정을 감내해야 하는 삶의 과제를 떠안고 있다. 하지만 이것 한 가지는 분명하다. 역사의 방향성이나 생활 양식의 트렌드를 바꿀 만큼 영향력 있는 아이디어는 주로 다양한 경험과 융합, 새로운 시도를 중시하는 자들, 즉 경계인들에게서 나왔다.

Chapter 22

이상을 좇는 삶의 애환과 위대한 성취

폴 고갱 (Paul Gauguin)

"우리는 어디서 왔고, 우리는 무엇이며, 우리는 어디로 가는가."

―폴 고갱

이상을 좇는 삶의 애환

소설 『달과 6펜스』의 주인공 스트릭랜드는 런던에서 주식 브로커를 하다가 마흔이 되어서 돌연 직장을 그만둔다. 그는 화가의 꿈을 이루겠다며 가족을 버리고 파리로 떠난다. 이후 타히티 섬으로 이주하고 예술혼을 불태우는 삶을 살다가 최후를 맞이한다. 이 소설의 실제 모델이 화가 폴 고갱이라는 것은 널리 알려진 이야기다. 고갱은 젊은 시절 배를 타는 선원이었다가 이후 주식 브로커가 되어 꽤 안정적인 삶을 살았다. 그러나 30대 중반에 돌연 화가가 되겠다고 모든 것을 벗어던졌다.

이처럼 갑자기 삶의 방향을 바꾼 케이스는 예술사에서 심심치 않게 보이는 패턴이다. 빈센트 반 고흐도 미술을 제대로 배운 것이 아니었고 서른 무렵에서야 화가가 되었다. 추상 회화의 선구자 바실리 칸딘스키의 경우도 원래 법학자의 길을 걸었고, 심지어 법학과 교수로 임용되기도 했다. 그는 모네의 전시회에서 깊은 울림을 받고 난 뒤 그림에 전념하기로 방향을 틀었다.

인간의 마음속에는 근원적인 어떤 실재를 그리워하고 이를 외적으로 표출하고자 하는 욕망이 누구나 있다. 그리고 이를 행동에 옮기는 것을 우리는 이상을 추구하는 삶이라고 한다. 나의 삶이 아니라 누군가의 삶을 살아내는 데 지친 사람들이 진짜 나를 찾기 위한 몸부림을 치기 시작하는 것이다.

분석심리학에서는 이를 에난티오 드로미아(enantiodromia) 현상이라 명명한다. 그리스어로 반대 방향으로 내 달린다는 뜻이다. 앞서 언급했던 화가들의 경우 이성이 지배하는 삶에 지쳐 억눌린 감성이 터져 나와 반대로 달리기 시작한 형국이다. 누구나 살면서 어느 정도는 겪는 현상이지만, 현실이라는 짐을 과감히 벗어 던질 정도의 열정이라면 에난티오 드로미아가 그 모습을 매우 강하게 드러낸 것이라고 볼 수 있다.

하지만 미지의 세계를 탐험한다는 것은 사실상 생존 본능을 거스르는 행위이기도 하다. 신화학자 조지프 캠벨의 저서 『신화와 인생』에 의미심장한 구절이 나온다.

"영웅적인 삶은 각자만의 모험을 실행하는 것이다. 스스로의 열정을 따를 때, 사회의 도움은 사라진다. 여러분은 반드시 조심해야 한다. 이제는 완전히 혼자니까."

이상을 좇아 새로운 도전을 하는 패턴을 살펴보면 대개 이들이 억눌렸던 마음을 표출하는 시기와 사회로부터 고립 또는 추방되는 시기가 거의 맞물린다. 마음이 강하게 기운을 부리는 것을 컨트롤하기 힘들다. 운명이 자신을 선택했다는 그 강력한 느낌을 거부할 수가 없기 때문이다. 두렵고 낯설기에 아무나 내디딜 수 없는 길을 묵묵히 가는 과정, 조지프 캠벨은 이를 영웅의 여정이라 부른다.

모든 것을 내려놓은 뒤 얻은 예술혼, 고갱의 일생

폴 고갱은 근대 미술의 발전에 지대한 공헌을 한 화가로 손꼽히지만, 그의 눈물겨운 노력은 사후에나 빛을 발했다. 살아생전 제대로 된 평가를 못 받은 또 한 명의 천재였다.

고갱은 1848년 프랑스 파리에서 태어났다. 아버지는 〈르 나시오날〉이라는 언론사 정치부 기자였다. 당시 프랑스는 정치적 혁명기를 겪고 있었다. 아버지가 기고한 글이 잘못되는 바람에 프랑스 당국으로부터 추방 명령을 받았다. 고갱의 가족은 배를 타고 친척이 있는 페루로 떠나게 된다. 하지만 아버지는 여정 도중 배 위에서 심장마비로 사망하고 만다. 결국 어머니와 누나 그리고 고갱 3명만 목적지에 도착한다.

녹록지 않은 타국 생활에 지친 가족은 약 5년 후 다시 조국 프랑스로 돌아오게 된다. 어머니는 바느질 등의 단순노동으로 근근이 삶을 이어 나간다. 정규 교육을 마친 고갱이 첫 번째 직업으로 택한 것은 선박의 항로를 담당하는 도선사였다. 약 3년간 도선사 생활을 한 뒤 프랑스 해군에 입대하여 2년간 복무했다. 약 5년 정도 배를 타는 생활을 한 셈이다.

전역 후 파리로 돌아온 고갱은 지인의 소개로 증권 회사에 취직한다. 약 11년 정도 증권 브로커로서 근무했는데 당시 실적은 꽤 괜찮았던 것으로 알려져 있다. 비교적 높은 수입과 함께 생활은 안정되었고, 다섯 명의 자녀를 둔 가장이 되었다. 어느 정도 경제적 여유가 있었기에 취미로 그림을 그리기 시작했는데 이것이 나중에 그의 인생을 송두리째 바꾸는 계기가 된다.

1882년, 경기 침체로 인해 프랑스 증권시장이 붕괴되고 직장을 잃을 위기에 처한 고갱은 돌연 전업 화가의 길을 걷기로 결심한다. 아내의 반대는 심했지만, 이미 예술로 인한 자유와 해방감을 맛본 뒤였다. 타오르는 열정을 되돌리기엔 이미 늦었던 모양이다. 자연히 생계를 제대로 유지할 수가 없었고, 결국 참다못한 아내로부터 결별을 통보받는다.

30대 중반에 전업 화가가 되었다. 예술가로서 성공하고자 하는 그의 염원은 진지했고 인상파 전시회에 작품도 출품한다. 하지만 미술계의 평가는 냉랭했다. 정통으로 미술을 배우지 않은 그였기에 주류 화가로 평가를 못 받았다. 탄탄한 배경이 없는 천재의 새로운 시도가 경원시 되는 것은 예나

우울한 지성인

지금이나 같았다. 하지만 그러한 아웃사이더 취급은 그를 더 자극한다. 고갱은 자신이 위대한 예술가로 선택받은 인간이라는 강한 자부심이 있었고, 새로운 화풍으로 파리 화단을 놀라게 해주겠다는 열망을 키운다.

1887년, 파리에서 첫 개인전을 열고 이때 빈센트 반 고흐의 동생 테오가 고갱의 그림을 구입하며 인연을 맺게 된다. 당시 빈센트는 아를에서 홀로 외로운 시간을 보내고 있었고, 그런 형을 걱정하던 테오가 고갱에게 은밀한 제안을 하게 된다. 아를에 가서 빈센트와 함께 머물러 주면 한 달에 한 점씩 그림을 사주겠다는 조건이었다. 고갱은 이 제안을 받아들이고 아를로 가지만, 빈센트와의 성격 차로 인해 몇 개월도 못 버티고 다시 파리로 돌아온다.

이후 고갱은 여러 지역을 떠돌며 새로운 화풍을 찾는 데 주력했지만, 만족할 만한 성과가 없었다. 창조적 영감에 대한 목마름이 있던 그는 결국 더 나은 환경을 찾아 남태평양의 타히티 섬으로 떠난다. 처음 그곳을 갈 때만 하더라도 완전히 이주할 의도는 없었다. 원시 사회가 주는 순수함을 토대로 자신만의 화풍을 찾은 뒤 다시 파리로 화려한 복귀를 할 꿈을 꾸고 있었다.

대략 2년 정도 그곳에 머문 뒤 다시 파리로 귀환하지만, 주류 화단의 무시는 여전했다. 강렬한 색채와 이국적인 화풍은 어느 정도 눈길을 끌기에는 충분했으나, 여전히 큰 임팩트를 주지 못했다. 고갱의 불안정한 생활은 지속된다. 이번에도 파리에서 좌절감만 맛본 고갱은 다시 타히티 섬으로 떠날 준비를 한다. 그러나 처음 갈 때와는 느낌이 전혀 달랐다. 이번에는 문명사회에 대한 혐오감이 극에 달했고 정신적으로 완전히 무너졌다. 등 떠밀리듯 가는 상황이었다.

그렇게 조국에서 멀리 떨어진 작은 섬에서 살았다. 고독과 울분, 우울증과 아픈 몸 등 온갖 스트레스와 사투를 벌이던 그는 결국 모든 것을 체념하기에 이른다. 허세와 오만, 성공에 대한 야욕을 다 내려놓고 원시림으로 들어가 진심으로 그림에 몰두한다. 이때부터 걸작이 나오기 시작한다. 특히 고갱의 유작 〈우리는 어디서 와서 어디로 가는가〉라는 작품은 그 자체로 하나의 철학적 세계관을 내포하고 있으며 그림의 한계를 뛰어넘은 작품으로 평가받는다.

그는 삶의 마지막 여정에서 모든 것을 그림에 쏟아부은 후 심장마비로 세상을 떠났다. 모든 것을 던져버리고 이상만을 추구하는 삶이 반드시 옳다고는 말할 수 없다. 하지만 묵묵히 자신만의 길을 걸음으로써 예술의 혁명을 불러온 그 뜨거운 삶과 도전 정신은 확실히 비범함을 증명한다.

우울한 지성인

고등 동물의 개성이 더 강한 이유

사람들의 불행은 대부분 자신이 원하는 상태가 아니라고 느끼는 데서 오는 고통에서 출발한다. 거기에서 벗어나지 못하는 이유는 사회가 주입하는 욕망을 거부하기 힘들기 때문이다. 진정한 성공이란 무엇인가? 일단 세속적인 의미의 부와 명예를 넘어서는 것만은 확실하다. 본질적으로는 개인이 지닌 천부적인 재능을 계발하고 실현하여 궁극적으로는 사회에 긍정적인 영향을 끼치는 것이 중요하다. 그 과정에서 자연스레 부와 명예가 따라온다면 더할 나위 없는 성공이라고 할 수 있을 것 같다. 어쨌든 핵심은 자아실현이다. 이제는 너무나 식상한 클리셰가 되어버렸지만, 그래도 여전히 유효한 말임은 부정할 수 없다.

쇼펜하우어는 의지의 객관화 정도, 즉 의지가 드러나는 강도가 높을수록 개성이 강해진다고 보았다. 그렇다면 하등 동물에 비해 고등 동물의 개성이 더 강하다고 할 수 있다. 물고기보다는 강아지가, 강아지보다는 인간의 의지가 드러나는 강도가 더 높기 때문이다. 좀 더 미세하게 나누자면 같은 인간 사이에서도 그 차이는 분명히 존재한다. 예수, 석가, 공자, 소크라테스 등의 정신적 지도자들의 운명을 보면 자명하다. 자신의 행보가 고난의 길임을 뻔히 알면서도 굳이 그 길을 택하거나 혹은 자신의 신념(의지)을 죽음 앞에서도 굽히지 않는 모습을 보이기도 했다. 심지어 말 한마디만 바꾸면 자신의 목숨을 살릴 수 있는데도 그 달콤함을 거부한 경우도 있다. 즉 자기 본연의 개성을 끝까지 포기하지 않았다. 결과적으로 세상에 빛을 밝히는 큰 등불 역할을 했다.

눈앞에 뻔히 보이는 고난을 기꺼이 택하는 것은 무엇을 의미하는가? 마치 운명이 정해져 있다는 듯 그 강력한 끌림을 차마 거부하지 못한다. 보통 사람의 지각 능력으로는 도저히 이해되지 않는 행동이다. 그들은 무의식에서 올라오는 직관의 음성을 듣고 자신에게 주어진 삶의 이유와 목적을 인식하는 고차원적 인간 유형이다. 각자의 심연을 깊이 탐구하고 여기서 얻어진 지혜의 보석을 세상에 가지고 나오는 것이 자신의 소명임을 안다. 비록 그것이 세인들에게 오해되고 자신을 위험에 빠뜨릴 수도 있다는 것을 알면서도, 궁극적으로 사회, 나아가 인류의 정신적 진보에 필요하다는 것을 알기에 멈출 수 없다.

한 번 그 강을 건너면 절대로 되돌아갈 수 없다. 보통 이 시기를 거칠 때 본인이 진짜 원하는 게 뭔지, 숨겨진 재능이 뭔지, 소명이 뭔지 등에 서서히 눈을 뜬다. 간혹 자신이 이전에 살던 삶과 정반대되는 무언가를 찾기도 한다. 과감하게 환경을 바꾸어 자기 변혁의 도정을 용감하게 꾀하는 것은 소수의 사람만이 할 수 있는 일이다. 니체는 저서 『혼자일 수 없다면 나아갈 수 없다』에서 이렇게 말한다.

"너 자신이 되어라는 말의 진정한 의미는 언제나 소수만이 깨닫는다. 더구나 이들 깨달은 소수 중에서도 더욱 한정된, 극히 일부 사람들만이 모든 진실을 깨달을 수 있다."

우리 자신의 의지와 상관없이 태어나고 삶을 살아가게 되는 이유는 삶에서 어떤 의미를 찾는 데 있고, 그 의미를 찾는 사람이야말로 행운아다. 우리 눈에 보이지 않는 어떤 근원적인 힘을 인정하고 그 존재가 안내하는 인생의 길을 인지하고 기꺼이 따른다면 그 자체만으로도 이미 성공한 인생이다. 다만 한 가지 유의할 점은 '환상'이 아닌 '이상'을 좇아야 한다.

나이는 시간으로
먹는 것이 아니다

얼마 전 유명한 경제 관련 유튜브 채널에서 흥미로운 콘텐츠가 눈에 띄었다. 40대 이후부터는 친구가 없어지는 사람이 언젠가 큰일을 이룬다는 주제였다. 물론 항상 그런 것은 아니지만, 그 논리에 어느 정도 배경은 있다. 이 책의 '괴테' 편에서도 그의 친구들이 더 이상 자신을 이해하지 못하는 것을 답답해하는 대목이 있다. 평소 필자의 생각을 토대로 그 이유를 정리하면 이렇게 풀어볼 수 있다.

프랑스의 사상가 볼테르는 '나이'란 '인생을 살아온 날의 숫자'와는 아무런 상관이 없다고 했다. 마크 트웨인도 유사한 맥락의 말을 했다. 그렇다. 확실히 나이는 '시간'으로 먹는 것이 아니라 '생각의 밀도'로 먹는다. 신체적 나이는 껍데기에 불과하다. 생각의 밀도가 세계관의 성장 속도를 좌우하고, 세상을 이해하는 폭과 깊이가 곧 정신적 나이다. 그러나 그 성장 속도가 월등히 빠르면 평균적인 삶을 영위하는 사람들과 반드시 인연의 틈이 벌어지게 마련이다.

가면 갈수록 가속도가 붙어 그 격차는 더욱 커진다. 가령 오랜만에 학창 시절의 친구들을 만나도 과거의 추억이라는 연결 고리를 제외하면 깊이 있게 나눌 대화가 없다. 직업으로 얽혀 있는 현재의 인연도 마찬가지다. 한 분야의 전문성과는 전혀 상관이 없는 영역이기 때문이다. 학력이나 학벌 따위도 아무런 역할을 못한다. 안타까운 현실은 높은 시선에서는 아래가 보이지만, 아래에선 위가 보이지 않는다는 점이다. 한껏 확장된 생각의 장을 그렇지 못한 입장에서는 도저히 가늠할 수가 없다. 그래서 본질적인 지각 능력의 차이가 흔히 '의견의 다름' 정도로 평가절하된다.

하지만 모든 것이 그렇듯 양날의 검이다. 한 생애에 너무 많은 걸 알아버린다는 것이 꼭 좋은 것만은 아니다. 이 책의 독자들이라면 이제 알 것이다. 큰 세계관의 무게를 감당하려면 반드시 그에 상응하는 대가가 따른다. 생각하는 인간(Thinker)은 어느 시대에나 몰이해의 대상이 된다. 지성인의 고독과 우울함은 어쩌면 숙명일지도 모른다. 지금 어딘가에도 이해받지 못하는 그 외로운 여정 속에서 스스로 빛을 내기 위해 노력하는 누군가가 있을 것이다. 삶으로부터 받는 도발을 이겨내는 데 이 책이 도움이 되었으면 한다.

에필로그

참고서적

1. 『예술에서의 정신적인 것에 대하여』 / 바실리 칸딘스키 / 열화당 / 2019

2. 『탁월한 사유의 시선』 / 최진석 / 21세기북스 / 2018

3. 『의지와 표상으로서의 세계』 / 아르투어 쇼펜하우어 / 을유문화사 / 2019

4. 『혼자일 수 없다면 나아갈 수 없다』 / 니체 / 포레스트 북스 / 2024

5. 『신화와 인생』 / 조지프 캠벨 / 갈라파고스 / 2009

6. 『달과 6펜스』 / 서머싯 몸 / 민음사 / 2000

7. 『반 고흐 미술관』 / 파올라 라펠리 / 마로니에 북스 / 2007

8. 『사회가 자살시킨 자, 반 고흐』 / 앙토냉 아르토 / 읻다 / 2023

9. 『카를 융 인간의 이해』 / 가와이 하야오 / 바다출판사 / 2023

10. 『지능의 역설』 / 가나자와 사토시 / 데이원 / 2020

11. 『인재 혁명』 조벽 / 해냄출판사 / 2010

12. 『인간의 본질』 / 로저 스크루턴 / 21세기 북스 / 2023

13. 『명상록』 / 마르쿠스 아우렐리우스 / 현대지성 / 2018

14. 『데미안』 / 헤르만 헤세 / 민음사 / 2009

15. 『치유와 회복』 / 데이비드 호킨스 / 판미동 / 2016

16. 『데이비드 호킨스의 지혜』 / 데이비드 호킨스 / 판미동 / 2023

17. 『놓아버림』 / 데이비드 호킨스 / 판미동 / 2013

18. 『도덕의 계보, 이 사람을 보라』 / 프리드리히 니체 / 청하 / 1999

19. 『차라투스트라는 이렇게 말했다』 / 프리드리히 니체 / 민음사 / 2004

20. 『링컨의 우울증』 / 조슈아 울프 셴크 / 랜덤하우스코리아 / 2009

21. 『아버지에게 드리는 편지』 / 프란츠 카프카 / 문학과 지성사 / 1999

22. 『변신』 / 프란츠 카프카 / 아로파 / 2023

23. 『사랑의 기술』 / 에리히 프롬 / 문예출판사 / 2019

24. 『깨달음 이후 빨랫감』 잭 콘필드 / 한문화 / 2011

25. 『이어령의 마지막 수업』 / 김지수 / 열림원 / 2021

26. 『파우스트』 / 요한 볼프강 폰 괴테 / 민음사 / 2009

27. 『우울증이 주는 선물』 / 라라 호노스 웹 / 시그마프레스 / 2010

28. 『필링 그레이트』 / 데이비드 번즈 / 문예출판사 / 2023

29. 『슈퍼 제너럴리스트』 / 다사카 히로시 / 싱긋 / 2016

30. 『천재, 빛나거나 미쳤거나』 / 신성권 / 팬덤북스 / 2021

31. 『젊은 베르테르의 슬픔』 / 요한 볼프강 폰 괴테 / 민음사 / 1999

32. 『빌헬름 마이스터의 수업시대 2』 / 요한 볼프강 폰 괴테 / 민음사 / 1999

33. 『Beethoven: The Philosophy of Music』 / 테오도르 아도르노 / Polity / 1998

34. 『참을 수 없는 생각의 가벼움』 / 박중현 / 북스타 / 2023

35. 『월든』 / 헨리 데이비드 소로 / 소담 / 2023

36. 『도덕의 기초에 관하여』 / 아르투어 쇼펜하우어 / 책세상 / 2019

37. 『소크라테스 익스프레스』 / 에릭 와이너 / 어크로스 / 2021

38. 『상처 받지 않는 영혼』 / 마이클 A. 싱어 / 라이팅 하우스 / 2014

39. 『지성에서 영성으로』 / 이어령 / 열림원 / 2017

40. 『지식인의 두 얼굴』 / 폴 존슨 / 을유문화사 / 2020

41. 『예수아 채널링』 / 파멜라 크리베 / 정신세계사 / 2016

42. 『영혼을 찾는 현대인』 / 칼 구스타프 융 / 부글 북스 / 2014

43. 『순전한 기독교』 / C.S. 루이스 / 홍성사 / 2018

44. 『1984』 / 조지 오웰 / 민음사 / 2007

우울한 지성인

45. 『자유로부터의 도피』 / 에리히 프롬 / 휴머니스트 / 2020

46. 『영혼과 우울증』 / 김병오 / 대서 / 2008

47. 『창조적 인간으로 살아가기』 / 최광진 / 현암사 / 2024

48. 『직업으로서의 소설가』 / 무라카미 하루키 / 현대문학 / 2016

49. 『천재의 지도』 / 에릭 와이너 / 문학동네 / 2021

50. 『엔트로피』 / 제레미 리프킨 / 세종연구원 / 2015

51. 『유대인 수업』 / 마빈 토케이어 / 탐나는 책 / 2019

우울한 지성인